진짜 이기적인 교사

진짜 이기적인 교사

초판 1쇄 발행 2022년 2월 25일

지은이 이지명, 이병희, 이진희, 최종철, 홍석노, 이대성
발행인 최윤서
편집장 최형임
디자인 신미연
마케팅 지원 김수경, 최수정
펴낸 곳 ㈜교육과실천
도서 문의 02-2264-7775
인쇄 031-945-6554 두성P&L
일원화구입처 031-407-6368 ㈜태양서적
등록 2020년 2월 3일 제2020-000024호
주소 서울특별시 중구 창경궁로 18-1 동림비즈니스센터 505호
ISBN 979-11-91724-10-3 13370

표지 이미지 www.shutterstock.com
본문 일러스트 최수정

각자도생하지 않고 함께 살아가는
행복한 학교를 위한 동력

진짜
이기적인
교사

이지명, 이병희, 이진희, 최종철, 홍석노, 이대성 지음

교육과실천

　　학교 안 일상과 경험에서 얻어진 문제의식들을 교육 현장의 목소리와 트렌디한 감각 언어로 전개하는 화자의 말솜씨가, 전문 지식의 허들을 넘을 수 있는 계기를 제공해주었다. 마음속으로 맞장구치며 읽다 보니 어느새 협력에 대해 고민하고, 챕터마다 제시된 다양한 제안들을 스스로 검토하는 내 자신을 발견하게 되었다. 진짜 이기적인 교사는 진짜 협력적인 교사이고, 진짜 협력적인 교사는 진짜 이기적인 교사이다. 책 한 권을 읽었다고 당장 모든 교사가 혁신적으로 변화하는 것은 아니겠지만, 변화를 꿈꾸는 교사들이 한발 한발 내디딜 수 있도록 공감과 에너지를 주는 책이다.

김가람, 검산초등학교 교사

　　학교는 시대변화의 거대한 담론 속에서 생태적으로 확장하고 성장해야 하는 과제를 안고 있다. 이 격류의 흐름에서 우리는 협력을 이정표 삼아 앞으로 나아가야 한다. 우리는 학교라는 조직, 그 시공간 속에서 '협력'이라는 가치를 어떻게 마주하고 있는가? 이기주의와 이타주의, 그 경계 어디쯤에서 줄타기를 하고 있는 우리에게 이 책은 '진짜 이기주의'로 가는 길을 함께 찾아 나서자고 말한다. 이 친절한 안내자와 함께 모두가 협력의 시너지를 경험하고 학교 삶 속에서 진정한 자기다움을 찾길 바란다.

이수연, 산들초등학교 교사

이 책을 관통하고 있는 키워드는 "협력"이다. 교육의 질은 교사의 질이 아니라, 교사 협력의 질에 달려있음을 다시 한번 상기시켜주고 있다. 자의든 타의든 고립된 교직 사회에서 실존적 불안을 느끼는 교사들이 교사로서의 자존감 및 효능감을 느끼게 하는 동력 역시 "동료 교사와의 일상적 협력"임을 여러 사례와 논의 등을 통해 말해주고 있다.

교육 현장에 대한 깊은 이해 및 학교에서의 치열한 경험과 고민을 바탕으로, 쉬운 것 같지만 가장 어려운 "진정한 협력"을 위한 길을 부드럽게 제시해주고 있는 이 책의 저자들에게 깊은 존경과 감사의 말씀을 드린다. 교육계에 있는 모든 분들이 꼭 읽어야 할 책이 아닌가 싶다.

정은홍 안양남초등학교 교사

이 책은 교사 문화에 대한 자기반성과 성찰의 책이다. 각자도생의 능력주의문화 속에서 외로운 교사들, 집단이기주의의 왜곡된 협력 속에서 소진되는 혁신리더들의 모습과 학교현장의 불편한 민낯을 일상의 장면으로 조목조목 짚어낸다. 그러나 읽다보면 내면으로부터 자성의 울림이 우러난다. 교사에게 진짜 이기적인 행동은 무엇일까? 변혁적 리더십을 발휘하여 협력과 상생의 학교문화 속에서 교육의 공공성을 추구하는 것, 그것이 우리 교사들에게 진정한 이익이 되는 현명한 방향이라 공감하게 된다. 이 책이 학교문화의 패러다임을 경쟁에서 포용으로, 무관심에서 연대로, 능력주의(meritocracy)에서 존엄주의(dignocracy)로 전환하는 의미 있는 기폭제로 작동하길 기대한다.

김현숙, 소하중학교 교사

학생들에게는 협력하라고 얘기하면서 나는 침묵과 눈치, 각자도생으로 살아가고 있는지 돌이켜보게 된다. 이 책을 살아내기 위해 '그래도', '그럼에도'라는 섬을 찾는 선생님들에게 추천한다. 학교에서 에너지를 소모하고 집으로 터덜터덜 돌아오는 선생님들에게 학교 가는 길이 행복할 수 있도록 도와주는 길잡이가 될 것이다. 내가 몸 담고 있는 학교에서 희망을 꽃피우고 싶다면 꼭 읽어보기를 바란다.

김명은, 금오중학교 교사

'왜 학교문화는 협력적이고 이타적이지 않은가?'에 대한 현장의 고민과 이야기를 구체적으로 풀어내었기에 깊이 공감할 수 있었다. 이 책은 의도적이고 계획적인 협력 장치를 디딤돌 삼아 수준 높은 학교 협력문화를 만드는 길을 모색하게 한다.

박혜진, 별내고등학교 교사

이기적 교사가 '진짜' 이기적 교사로 진화하기 위해 개인, 학교, 교육청, 사회가 할 일을 조망한 책. 2022년 새해에는 내가 가진 '교사 슈퍼맨 콤플렉스'에서 벗어나 옆에 있는 동료 교사와 신뢰와 협력을 구축하여 협력적 학교 문화 조성에 기여할 의지를 다져본다.

배지현, 대평고등학교 교사

우리는 코로나 상황을 겪으며 '의사결정과정에서 자율성과 협력의 가치가 중요하다'라는 것을 알게 되었다. 이 책의 저자들은 오랫동안 학교민주주의, 학교자치를 꾸준히 연구함에 있어 학교 협력에 대한 명확한 해답을 제시하고 있다. 특히 학교의 불편한 현실을 사례 중심으로 풀어나가며 현장의 교사들이 공감할 수 있도록 노력한 흔적이 곳곳에 보인다.

교육의 본질적 가치, 지속 가능한 학교를 꿈꾸는 교사라면 이 책은 좋은 지침서가 될 것이다. 여기에서 제시한 진짜 이기적인 교사의 모습이 학교에서 실천되어 학교의 전문적 자본 축적뿐 아니라 협력의 가치를 학교 담장 넘어 사회로 확장하여 선한 영향력을 미치기를 기대해 본다.

강동훈, 산내초등학교 교감

새 학년이 시작되면 "전 학교는 안 그랬는데, '이 학교'는 왜 이래요?"라는 말을 흔하게 듣는다. '이 학교'라는 표현은 교사의 마음 속 개인주의를 가장 잘 표현해주는 말이 아닌가 싶다. 교사의 마음에 있는 이상적인 학교는 과연 어떤 학교인가? 『진짜 이기적인 교사』는 학교의 모습을 솔직하게 발가벗겨 보고, 학교가 안고 있는 문제의 해결책을 제시하고자 많은 고민 속에 탄생한 책이 아닌가 싶다. 이 책을 읽고 전국의 모든 선생님이 '이 학교'가 아닌 '우리 학교'에 근무하기를 바라는 마음으로 추천한다.

조영민, 늘푸른고등학교 교장

학교 현장에서 여전히 멀고도 험난한 소통과 협력에 대해 저자들의 실천과 경험 속에서 정확히 꼬집고 있으며, 해결 방안을 학교 현장의 뜨거운 이야기로 풀어간다. 특히 "교사의 실존적 불안", "협력의 변증법"에 대한 내용은 적잖이 가슴을 울린다. 이 책은 교육 문서상에 존재하는 이상적이고 관념적 교사가 아니라 "진짜 이기적인 교사"란 무엇인지를 통해 구체적 실천을 고민하게 만든다. 이 책을 통해 학교에서 협력의 가치를 함께 만들어가기를 기대한다.

서지연, 광명교육지원청 장학사

『진짜 이기적인 교사』 제목에서부터 냉철한 문제의식이 느껴진다. 이 책 속에 펼쳐지는 이야기는 오히려 문제를 해결하고야 말겠다는 단호한 열정과 따뜻한 공감으로 꽉 차있다. 행간에 학교민주주의, 존엄, 자치, 공공성과 같은 이 시대의 화두를 삶으로 그려나간 전문가의 실천과 통찰을 고스란히 느낄 수 있다. 무엇보다 사람에 대한 이해와 애정이 깊다. 그래서 한 줄 한 줄 허투루 읽을 수 없다. 이런 멋진 사유와 서사를 담아 준 저자들에게 감사와 존경을 전하고 싶다.

구순란, 경기도교육청 학교정책과 장학관

코로나 이후 매우 현실적이면서도 다양한 학교 사례 속에 등장하는 A, B, C교사는 이기적이거나 협력적이었던 나를 마주할 수 있게 해 준다. 내가 A였다가 B였다가 C교사가 될 수 있었던 건 그만큼 학교마다 서로 다른 조직문화의 맥락 속에 있었기 때문일 것이다. 어디에서도 온전히 이기적이었거나, 순수하게 협력적이었던 나는 존재하지 않았다.

그럼에도 불구하고, 이 책은 더 이상 교사다움을 요구하며 나를 책망하지 않았다. 대신 있는 그대로의 나를 자각하게 함으로써 스스로 성찰할 수 있는 기회를 주었다. 결국 '자기다움'을 찾아야 '진정으로 행복'하다는 새로운 학교 문법은 말속에 담긴 의미와는 다르게 '자기' 혼자 실천할 수가 없다. 아마도 '자기다움'을 잃지 않을 수 있는 협력적 학교문화를 함께 만들어 가는데 그 길이 있을 것이다. 한때는 협력적이었지만 이제는 '열정'이라는 삶의 태도에 등을 돌린 오늘도 '뻔뻔한 이기주의자'로 살고자 다짐했지만, 아직 '자기다움'을 잃지 않은 동료들과 함께 다시 한번 '진짜' 이기적인 교사로 살아보고 싶다.

황세희, 경기도교육청 민주시민교육과 장학사

'진짜' 협력의 의미와 가치를 공감하는 교사들이 학교의 문화를 만들어 나간다면, 저절로 '진짜' 행복한 학교가 될 것이다. 한비자에 이르기를 '작은 돌부리에 걸려 넘어지는 사람은 있어도 저 산에 걸려 넘어지는 사람은 없다'고 했다. 우리 모두가 꿈꾸는 '진짜' 협력이 일어나는 공간이 '산'이라면, 이 책은 '작은 돌부리'라는 크고 작은 다툼과 문제들을 지혜롭게 풀어 나갈 수 있는 다양한 전략과 해법이 가득하다.

제평섭, 경기도교육청 마을교육공동체정책과 장학관

2020년 6월 어느 날 우리들은 오랜만에 마장호수공원에서 반갑게 만났습니다. 호수 주변을 산책하며 출렁다리를 함께 건너며 서로의 안부와 일상 이야기를 나눴어요. 자리를 옮겨 간단한 식사를 하고, 『민주학교란 무엇인가』 출간 이후 어떻게 민주학교를 지속할 것인지에 대해 한참 동안 수다를 떨었습니다.

수다의 시작 : 민주학교의 지속 가능성

문득 유발 하라리가 『사피엔스』에서 한 말이 기억나네요.

"인간의 언어가 진화한 것은 소문을 이야기하고 수다를 떨기 위해서라는 것이다. 뒷담화이론 즉 의사소통의 대다수가 남 이야기다. 뒷담화는 악의적인 능력이지만 많은 숫자가 모여 협동을 하려면 사실상 필요하다. 사피엔스는 수없이 많은 이방인과 매우 연하게 협력할 수 있다. 허구를 말할 수 있는 능력이야말로 사피엔스가 사용하는 언어의 가장 독특한 측면이다. 허구 덕분에 우리는 단순한 상징을 넘어서 집단적으로 상상할 수 있게 되었다."

그날 오랜 수다의 키포인트는 민주학교의 지속가능성이었어요. 실제 민주학교를 운영하는 교장선생님과 업무담당자를 대상으로 '실제 민주학교를 운영하면서 어려운 점이 무엇인가?'에 대해 조사한 결과, '함께', '참여', '구성원들의'라는 단어가 가장 많았다고 하고, 교원 대상으로 행복한 학교 만들기를 저해하는 가장 큰 요인은 '교사 이기주의'가 압도적으로 높았다고 하는군요.

과연 학교에서 교사의 이기적 행동을 어떻게 볼 것인가. 이를 극복하고 학교 협력의 가치를 확산할 수 있는 해법은 없는 것일까, 협력과 상생의 학교 문화는 어떻게 만들 수 있을까 등에 대한 진지한 고민의 연속이었어요.

이렇게 계속 수다를 떨다가 이번에는 '협력'을 주제로 우리들의 이야기를 한번 써보기로 했습니다. 민주학교의 지속가능성은 이기적 교사와 협력메커니즘 논의에서 출발해야 한다는 점도 서로 확인했습니다. 무엇보다 문제해결의 실마리를 교사의 전문적 자본 논의에서 찾아보면 좋겠다는 제안을 끝으로 긴 수다의 시간은 막을 내렸죠.

왜 다시 협력인가?

지난 10년 동안 민주시민교육, 학교민주주의 논의를 통해 학교 담론

의 지형 전환을 가져왔죠. 학교민주주의의 궁극적 지향점은 바로 학교
자치(學校自治)가 아닐까요.

그동안의 그늘에 대한 반성으로 지나치게 책무성을 이야기하고, 그것
을 전면에 내세우다 보면 정책의 퇴행을 가져올 뿐만 아니라 학교 문화의
퇴보로 이어질 수 있답니다. 코로나19 팬데믹이 지속되는 상황에서 교육
의 불확실성은 증가하고, 미래학교로의 변화 요구에 따라 교사들의 행동
과 역할에 대한 관심도 그 어느 때보다 높아지고 있습니다.

지금이 바로 학교 구성원의 '수평적 관계' 속에서 학교자치를 위한 '협
력'을 말하고 실천할 때 아닐까요? 실제 2021년 경기도교육연구원에서
수행한 '코로나 이후 학교자치를 위해 가장 중요한 가치는 무엇인가'라
는 질문에 '협력'이라는 응답 비율이 가장 높았다고 합니다. 즉 존중, 배
려, 문제해결, 갈등 해결, 연대, 참여, 실천 등의 교집합에 바로 협력의 가
치가 있다고 볼 수 있죠.

실제 현장에서 협력메커니즘 없이 학교와 교사는 성장하기 어렵지 않
을까요?

그렇다면 협력을 이야기하고 유포하며 소비하는 사람은 누구인가요?

협력 논의에서 나 개인보다 학교와 집단을 우선시하는 지배 관리 전
략, 즉 학교 구성원의 이타성의 도구화 문제는 분명 경계해야 합니다.

이와 관련해 슬라보예 지젝(Slavoj zizek)은 "공동선, 공동체성, 협력이
라는 말의 바탕에 깔린 권력 관계의 합의를 파헤치는 것이 중요하다"라
고 말했고, 최정규 교수도 "이타성과 협력에 대한 강조는 구성원에 대한

또 하나의 족쇄일 수 있다"라는 점을 지적했어요.

계속되는 수다 : 인간의 본성과 협력의 가치를 생각하다

지난 모임 이후 우리들은 곧바로 몇 권의 책을 선정해서 함께 읽고 토론하며 고민의 지점들을 하나씩 해결해 나갔어요.

첫 번째 마주한 책이 앤디 하그리브스와 마이클 풀란의 『교직과 교사의 전문적 자본 : 학교를 바꾸는 힘』. 개개인의 자질과 역량(인적 자본)을 바탕으로 민주적인 학교 문화(사회적 자본) 속에서 민주적이고 협력적인 의사결정을 경험(의사결정적 자본)하는 교사가 개인과 공동체의 이익(성장, 전문적 자본)을 함께 꾀하는 진짜 이기적 교사는 아닐까? 라는 생각을 하게 되었어요.

두 번째 책으로 리처드 도킨스의 『이기적 유전자』. 유전자 자체가 이기적이니 어쩔 수 없다는 오개념도 있지만, 실제는 그렇지 않고 타인을 도와주는 행동이 자신에게 즉 유전자를 실어 나르는 데 도움이 되기 때문에 협력의 방식을 택한다는 의미를 함께 공유할 수 있었어요.

세 번째 책은 최정규의 『이타적 인간의 출현』. 너무나도 행운이었던 것은 최정규 교수와 직접 이메일로 연락이 닿아 온라인 줌으로 직접 강의도 듣고 소중한 이야기도 나눴던 점이었습니다. 게임이론을 통해 인간의 본성을 이해할 수 있었고, 이타적 존재로서의 다양한 모습과 실험실의 반가운 소식도 직접 전해들을 수 있어 좋았습니다.

이 밖에도 로버트 엑셀로드의 『협력의 진화』와 마틴 노왁과 로저 하이필드의 『초협력자』 등을 통해 협력 공간의 확대 방안의 하나로 티포탯(TFT) 전략의 실전 적용 가능성과 한계도 살펴봤고, 협력의 딜레마 상황을 해결하기 위한 다섯 가지 전략(직접 상호성, 간접 상호성, 공간 게임, 집단 선택, 혈연 선택)에 대해서도 생각해 봤지요.

우리들의 이야기를 하고 싶었어요

이 책에서 저자들은 남이 아닌 남 같은 우리 이야기를 하그리브스와 풀란, 도킨스, 최정규, 엑셀로드, 노왁과 하이필드의 이야기를 바탕으로 그럴듯하게 해보고 싶었어요. 그럴듯한 허구로 우리의 이야기를 만들어 보려고 노력했지요. 협력을 당위적으로 접근해서는 안 되고, 너무 should 하지 말자고도 했어요.

그러려면 살아있는 이야기를 충분히 담아서 풀어나가야 하겠지요. 우리들의 살아있는 이야기, 학교의 생생한 이야기들 말입니다. 교사와 학교의 다양한 사례와 불편한 민낯에 대해 하그리브스 형을 불러 이야기하고 싶었고, 도킨스, 최정규, 엑셀로드 아저씨도 함께 불러 다수의 수다를 떨고 싶었어요. 그런데 어디 감히, 분명 한계가 있었지요. 그렇지만 너무 재미있게 함께 읽고 수다를 떨면서 우리도 협력의 가치를 몸소 체험하면서 많이 배웠죠.

양정무 교수의 『난생 처음 한번 공부하는 미술이야기』에서 이야기하는 서술방식을 빌려 우리도 독자들과 이야기하는 방식으로 문장을 새롭게 서술해 봤어요. 이야기하는 서술 방식이 좀 편안하게 느껴지세요? 이 책이 일사천리로 잘 진행된 것 같죠? 그렇지 않답니다. ABC는 한 번도 못 하고, 주구장창 SBC, C만 했답니다. 이제는 ABC를 해야 하는데, 언제 가능할까요?

협력에 대한 정(正)-반(反)-합(合)으로 새로운 학교문법을 쓰자

이 책에서 저자들은 협력의 걸림돌의 근본적 원인을 일상적으로 느낄 수 있는 실존적 불안에서 찾았고, 협력의 변증법을 대안으로 제시했어요. 즉 학교 구성원들이 각자 자신을 위해 한 행동과 결정이 자연스럽게 다른 사람들에게도 도움이 되는 결과로 나타나고, 이타적 행동이 다시 스스로 도움이 되는 결과로 나타나는 성공 사례를 찾아 나가야 한다는 것입니다. 이러한 문제의식을 토대로 진짜 이기적인 교사 이야기는 4개의 장과 28개의 절로 펼쳐진답니다.

제1장 **"각자도생(各自圖生) 학교"** 구성원 각자 스스로 제 살길을 찾는다는 것입니다. 좋은 말인 것 같기도 하고 아닌 것 같기도 하지요. '각자도생 대한민국'이라는 말을 들어 보았나요? 2019년에 점점 파편화, 원자화되어 가는 우리 사회를 진단하며 박노자 교수가 사용한 말입니다. 우리 학교 모습은 어떨까요? 학교 역시 각자도생하다가는 비극을 마주하지 않을까요? 나만의 문제도 아니고 바로 우리의 문제이잖아요. 이런 생각을 가지고 우리 학교의 모습을 살짝 들춰 보았어요.

제2장 **"이기적 교사, 협력하지 않는 학교"** 제목이 도발적이지 않나요? 삼삼오오 모여서 하던 뒷담화를 끄집어내서 학교를 좀 더 깊이 들여다봤어요. 학교가, 선생님이 진짜 이래? 너무 심하게 이야기하고 있는 거 아니야? 저자들도 민낯의 수위를 조절하자고 색색의 파운데이션을 준비했던 부분이에요. 우여곡절 끝에, 이 장에서 펼쳐지는 각 절의 내용은 그동안 교사의 전문성이 교사 개개인이 지닌 지식과 기술, 인적 자본으

로만 여겨져서 1+1 또는 1과 1의 협력이 2+α가 되지 못하고 '2 이하'로 그치고 마는 부작용이자 아픈 손가락 이야기입니다.

제3장 **"이기적 교사, 그래도 협력하는 학교"** 히어로가 등장하는 극적인 반전을 이야기하지는 않습니다. 우리 선생님들이 어렵고 힘든 상황에서도 혼자서 분투하지 않고 그래도 함께 도생하기 위해 노력하는 모습들이에요. 또 선생님 개개인이 다른 선생님들과 협력하는 과정에서 부딪히는 한계와 문제점을 되짚어보며 선생님 자신을 위로하는 내용도 담고 있죠. 이 정도 되면 선생님들이 '협력'을 다시 생각해보게 될 것입니다. 협력의 딜레마를 빠져나와 공유지의 비극을 희극으로 만들 수 있는 다양한 TFT 전략도 살펴보죠.

제4장 **"진짜 이기적 교사, 협력의 가치로 학교 문법을 다시 쓰다"** 협력에 대해 마무리해야 하는 제일 어려운 부분으로 바로 협력에 대한 합(合, synthesis)이에요. 제2장은 정(正, thesis), 제3장은 반(反, antithesis)의 관점으로 읽어 보면 좋겠어요.

그러면, 진짜 이기적 교사는 어떤 사람일까요? 협력의 학교 문법은 무엇일까요? 조승연이 쓴 『이야기 인문학』을 보면, 글래머러스(glamorous)한 사람은 문법(grammar)을 마스터한 사람이고, 문법(grammar)은 말 한마디를 뜻하는 gram을 이어 붙이는 법칙이라고 하죠. 오늘날에는 남들이 모르는 섹시함과 패션의 문법을 아는 사람을 뜻한다고 볼 수 있어요. 이러한 어원을 빌려보면, 진짜 이기적인 교사는 제4장에서 펼쳐놓은 '자기다움, 인적 자본, 사회적 자본'을 이기적이면서 이타적이고, 이타적

이면서 이기적인 방법으로 다른 사람들과 함께 이어 붙여가며(pulling, pushing, nudging) 소통하는 착하고, 현명한 바로 마음이 섹시한 글래머(glamour)가 아닐까요? 이 깊고 넓은 협력의 웅덩이에 빠져서 함께 고민해보면 좋겠습니다.

이 책을 통해 각자도생의 학교 문화 속에서 실존적 자존감의 상실로 힘들어하는 교사들에게 나름의 내적 울림과 조그만 희망의 메시지를 주고 싶었습니다. 학교 협력의 당위성만을 일방적으로 설파하기보다 이기주의와 이타주의, 그 경계 어디쯤에서 줄타기를 하는 우리 자신들에게 '진짜 이기주의'로 가는 길을 함께 찾아가도록 정다운 길벗이 되어주고 싶었습니다.

한때는 협력적이었지만 이제는 열정이 점점 식어 소진되어가는 '뻔뻔한 이기주의자'로 살아가는 우리 자신을 되돌아보고, 아직도 '자기다움'을 잃지 않은 주위 동료들과 함께 다시 한번 '진짜 이기적 교사'로 살아가 보도록 새로운 용기를 북돋아 주기를 기대해 봅니다.

마지막으로 이 책이 나오기까지 자문과 검토, 편집과 디자인을 맡아주신 모든 분들의 노고에 머리 숙여 감사드립니다.

2022년 2월 저자 일동

제3장
이기적 교사, 그래도 협력하는 학교

각자도생(各自圖生)

학교

요즘 교사들이 예전과 같지 않다고 말합
니다. 나 때는 말이야(Latte is Horse), 자신보다 학교를 먼저 생
각하고, 학생에게 헌신하며, 동료 교사 간 신뢰도 강했다고 합
니다. 또 요즘 교사들은 교직에 대한 소명의식도 낮다고 걱정합
니다. 급변하는 사회에서 교직은 전문직으로서, 교사는 누구보
다 수준 높은 이타성과 팀워크(teamwork)를 발휘할 줄 알아야
한다고 말입니다. 숨이 막힐 지경입니다. 갑자기 억울한 마음이
듭니다.

　　과연 예전 교직사회의 문화가 '지금'의 교사들을 평가하는
기준이 될 수 있을까요? 앞으로 사회에서 요구하는 교직사회에
대한 이상적인 모습을 처음부터 이들에게 강요할 수 있을까요?
요즘 교사들의 행동이 과연 이기적인 모습일까요? 진짜 이기적
인 행동이란 무엇일까요?

　　이런 물음들을 전제로 두고 이 장에서는 현재 학교의 모습
이 어떤지, 다양한 사례를 통해 살펴보고, 이기적인 교사의 행
동과 협력이란 무엇인지 함께 고민해 보고자 합니다.

학교 공유지의 비극

그걸 꼭 내가 해야 하나요?

A교사는 학교에 마련된 공동 휴게실을 자주 이용한다. 최신 커피머신, 냉장고, 쾌적한 소파, 은은한 조명과 음악, 완벽한 방음까지 모두 만족스럽다. 그러나 얼마 전부터 발길을 끊었다. 툭하면 멈추는 커피머신, 쌓여있는 커피찌꺼기, 정리 안 된 냉장고, 얼룩진 소파, 퀴퀴한 냄새까지 예전 모습은 어디서도 찾을 수 없다. 이 모든 것은 공동 휴게실을 교사들이 직접 관리하기로 한 후 생긴 변화다. 이 문제를 해결하기 위해 누군가 나서는 이도 아직 없다.

B교사는 올해 비담임이다. 다행히 작년 말에 제출한 업무 희망원대로 되었다. 그러나 학생생활인권부에 배정된 것이 문제다. 젊다

는 이유로 학교폭력업무를 맡길까 걱정이다. 교장(감)이 권유해도 권유해도 계속 모른 체할 셈이다. 정말 힘들다. 올해는 어떻게든 피해갈 생각이다. 내가 아니어도 학교는 굴러가는데 나까지 보탤 필요가 없다고 생각한다.

어느 학교에나 있음직한 일들입니다. 누구나 한 번쯤 겪어봤거나, 적어도 주변의 누군가를 보면서 '나라면 어떻게 할까'라는 생각을 해보았을 겁니다. 사실 이런 일들이 학교에서 반복되면 모두 불편해집니다. 서로 얼굴을 붉히기도 했고, 순번을 정해서 정리하기로 약속은 했어도, 별로 내키지 않는 경우도 많지요. 올해만, 올해만…을 되뇌이며 어쩔 수 없이 기피업무를 맡은 경우도 있습니다. 그리고 스스로 위로도 해 봤을 겁니다. 나는 교사이고, 교직은 전문직이며, 어쨌든 학교는 누군가의 헌신을 필요로 하는 곳이라고.

그러나 답답한 구석이 마음 한편에 남아있는 건 어쩔 수 없네요. 언제까지 이래야만 하지? 그걸 꼭 내가 감당해야만 하나? 이제는 좀 편하게 살면 안 되나? 이런 생각이 정말 이기적이고 잘못된 것일까? 아마 이런 생각들을 많이들 해 보셨을 겁니다.

항상 배신하라! 언제나 무임승차가 답이다!

오래 전부터 수많은 사람들이 위와 비슷한 일들을 고민해 왔습니다.

진짜 이기적인 교사

심지어 이런 생각들이 결코 잘못된 것이 아니라는 사실을 증명까지 하였습니다. 오히려 그것은 매우 자연스럽고, 당연히 그래야만 한다고까지 여겼습니다. 심지어 자신의 이익을 위해서는 상대방을 배신하고, 언제든 무임승차를 할 줄 알아야 현명한 선택을 한 것이라고까지 강조하는 이론도 있습니다.

  아주 오래된 대표적인 두 사례를 소개합니다.

  A와 B는 어떤 사건의 용의자로 체포되었습니다. 둘 중의 한 사람이 범인인 것은 확실한데, 물증은 하나도 없고 오직 이들의 자백만이 유일한 증거가 되는 상황입니다. 경찰은 두 사람을 각각 다른 방으로 데려가, "자백한 사람은 석방, 부인한 사람은 10년 형"을 받을 것이라고 협박 비슷한 설득을 합니다. 아니면 두 사람 모두 범인이라고 자백하면 5년 형, 두 사람 다 부인하면 1년 형을 받을 것이라고 합니다. 다시 말해, 상대방을 배신하고 범행을 자백하면 석방 또는 5년 형이지만, 상대방을 믿고 협조해 범행을 부인하면 1년 형 또는 10년 형을 받는다는 겁니다.

이것을 정리하면 아래와 같습니다. 당신이 용의자라면, 어떤 선택을 하겠습니까?

죄수의 딜레마(Prisoner's Dilemma)[1]

구분		용의자 B	
		부인 (협조)	자백 (배신)
용의자 A	부인 (협조)	1년, 1년	10년, 석방
	자백 (배신)	석방, 10년	5년, 5년

어느 마을에 누구든 함께 소를 먹일 수 있는 공동 목초지가 있습니다. 언제든지 소에게 맘껏 풀을 먹일 수 있는 곳입니다. 그러나 언제부턴가 공동 목초지가 점점 줄어들고 있습니다. 농부들이 지금처럼 소를 제 마음대로 풀어 놓는다면, 공동 목초지는 황폐화될 것이 분명합니다. 뭔가 대책이 필요합니다. 만일 농부들이 서로 순번을 정하여, 정해진 날짜와 시간에 자신의 소들에게 풀을 뜯게 한다면, 적어도 공동 목초지가 사라지는 것은 막을 수 있습니다. 다행히 농부들은 그렇게 하기로 약속

을 합니다. 문제는 그 약속이 제대로 지켜질지 걱정입니다. 약속을 지키지 않는 편이 훨씬 이득인 것 같기 때문입니다. 다른 농부가 성실하게 약속을 지킬 때, 자신은 몰래 소를 풀어 놓아 무임승차하는 편이 훨씬 이득일 것 같기 때문입니다. 이를 간단히 정리하면 아래와 같습니다. 당신이 농부라면, 어떤 선택을 하겠습니까?

공유지의 비극(Tragedy of the Commons)[2]

구분		농부 B	
		약속 지킬 때	약속 어길 때
농부 A	약속 지킬 때	이득10, 이득10	이득3, 이득15
	약속 어길 때	이득15, 이득3	이득5, 이득5

딜레마, 그리고 비극을 희극으로 바꿔쓰는 교사들

이기적인 사람들만 모여 있는 집단에서 착하고, 친절하고, 진지하기까지 한 이타적인 사람은 살아남을 수 있을까요? "공유지의 비극" 이야기로 다시 돌아가 보겠습니다. 이타적인 농부는 이기적인 농부의 소가 풀을 더 많이 먹을 수 있도록 자기 소유의 소는 풀을 먹이지 않고 희생시킨다면 어떤 일이 벌어질까요? 머지않아 이타적인 농부의 소는 모두 굶어 죽고 말 겁니다. 어떤 행위이건 자신을 희생하며 다른 사람에게 도움을 주는 이타적인 사람은 이기적인 사람으로부터 전혀 도움을 받지 못해서 결국 그 집단에서 사라지고 말겠죠.

어쩌면 "죄수의 딜레마"와 "공유지의 비극"에서 보여 주는 메시지는 우리에게 잘못된 환상과 기대를 심어주는 사례들이 아니었을까요? 지나치게 한쪽으로 기울어있는 것은 아닐까요? 실제 주위를 돌아보면 이러한 딜레마의 굴레에서 벗어난 사람들을 어렵지 않게 찾아볼 수 있습니다. 유명한 연예기획사 '용감한 형제들'의 대표에 대한 이야기를 해 볼까요? 그의 최종 꿈은 그동안 연예기획사를 통해 벌어들인 모든 재산을 어려운 사람들을 위해 모두 환원하는 것이라고 밝혀 젊은이들에게 화제가 된 바 있습니다. 오랫동안 사비를 털어 무료급식 봉사를 하는 등 남몰래 해왔던 그의 오랜 선행이 최근 방송을 통해 알려지면서 화제가 되었습니다. 학교와 교직에서도 "공유지의 비극"을 감동적인 '희극'으로 바꿔 쓰고 있는 많은 교사들을 찾아볼 수 있지 않나요? 이들의 행동을 과연 "죄수의 딜레마"와 "공유지의 비극"으로 설명할 수 있을까요? 이들의 행동은 도대체 어떻게 설명할 수 있을까요?

그렇다고 모두 이들처럼 선을 베풀며 헌신해야 하고, 서로 협력하며, 그렇게 살아야만 한다고 강요할 수 있을까요? 교직은 협력이 반드시 필요한 프로페셔널의 영역이고, 또 학교는 끊임없이 높은 수준의 헌신이 필요한 곳이라는 이유가 충분한 동기가 될 수 있을까요? 단지 이런 이유로, 처음부터 높은 수준의 협력과 팀워크를 발휘해야 한다고 요구한다면, 너무 지나친 기대가 아닐까요?

학교에서 교직에 대한 협력적 팀워크의 요구와 개인적 편익이라는 필요, 헌신에 대한 요청과 개인의 형편에 대한 고려, 이타성에 대한 기대와

진짜 이기적인 교사

이기심이라는 현실. 줄다리기와 같은 이런 미묘한 긴장과 갈등의 관계는 현재 우리가 처한 딜레마 상황이기도 합니다. 이를 조화롭게 해결할 수 있는 방법은 없을까요? 개인의 편익, 그 필요와 형편을 충분히 고려하면서도, 비교적 높은 수준의 협력과 이타성을 발휘할 수 있는 방법은 없을까요? 우리의 고민은 바로 여기서부터 시작됩니다.

각자도생

그러면 왜 학교라는 공간은 구성원 간의 친밀도가 높음에도 불구하고 기대보다 개인의 헌신이나 교사 간 협력이 쉽게 일어나지 않는 것일까요? 최근 각자도생의 학교문화에 대해 우려의 목소리가 많습니다. 각자도생의 학교문화에 대해서는 제2장 이기적 교사, 협력하지 않은 학교에서 좀 더 상세히 살펴보기로 하고, 여기에서는 최근 학교에서 나타나는 다양한 각자도생의 현상들을 간단히 살펴볼까 합니다.

얽히고설킨 관계?

먼저 학교 안의 관계들을 다양한 관점에서 살펴볼 필요가 있습니다. 학교는 일반 회사와 달리 사업과 이윤을 중심으로 모인 공간이라기보다는 학생의 교육을 중심에 두고 사람과 사람이 모인 공간이라고 하면 맞나요? 학교에서는 교사와 교사의 관계, 교사와 교장(감)과의 관계, 교사와 학생 또는 학부모와의 관계, 또 행정실 직원이나 교육공무직원과의 관계 등 끊임없이 사람과 사람 사이 관계가 중첩되고 있습니다. 좀 더 범위를 좁혀 중학교나 고등학교에 근무하는 교사의 경우 하루에 네 반, 한 시간씩 수업한다고 하면, 학생은 120명 정도, 같은 사무실 공간에서 근무하는 동료 교사는 다섯에서 열다섯 명 내외, 그 외에 식당, 행정실, 교장실 등에서 다른 사람들을 만나고 그 외에도 찾아오거나 전화를 걸어오는 학부모들을 만나게 됩니다.

이런 다양한 인간관계가 공존하는 공간에서 구성원 간 진정한 협력이나 존중이 가능한 것일까요? 현실적으로 이해관계가 첨예한 관계 속에서 상호 무조건적인 협력을 요구하기란 쉽지 않네요. 특히 교사의 협력을 구성하는 요인에는 '공동의 목적의식', '지식 및 정보 공유', '상호신뢰', '책임감', '자율성' 등이 있다고 합니다.[3] '자율성'이나 '상호신뢰'를 뒤로하고라도 교사가 해야 하는 교과 수업, 생활지도, 행정업무에서 '책임감'으로 근근이 협력의 모습을 보여주거나 이마저도 어려워하는 교사들을 학교 현장에서 쉽게 찾아볼 수 있습니다.

교사도 감정노동자다

산업안전보건법 개정으로, 2018년 10월 18일부터 고객응대 근로자를 고객의 폭언 등 괴롭힘으로부터 보호하기 위하여 '감정노동자 보호법'이

마련되었습니다. 감정노동(Emotional Labor)이란 실제 자신이 느끼는 감정과는 무관하게 직무를 행해야 하는 감정적 노동으로, 이러한 직종 종사자를 감정노동 종사자라 부릅니다. 고용노동부는 감정을 관리해야 하는 활동이 직무의 50퍼센트를 넘을 경우를 감정노동에 해당한다고 보고 있습니다. 예컨대 상담·판매·관광·은행원·항공기 승무원 등 물건을 판매하거나 서비스를 제공하는 업무 등이 이에 해당합니다.

교사는 학생이나 학부모 등 많은 사람을 상대하는 감정노동자로 볼 수 있으나, 근로자로서 노동3권을 보장받고 있지 못하기에 감정노동을 하는 근로자로 분류되고 있지 않습니다. 그러나 교사들에게 물어보면 우리야말로 감정노동자라는 이야기를 많이 듣습니다. 아무리 학부모가 무시하는 말을 해도, 학생들이 예의 없이 행동해도 같이 화를 내거나 대응해서 문제를 크게 만들 수가 없는 게 요즘 현실이지요.

수업에서는 전문성을 필요로 하고, 조직 안에서는 협력을 강요받고, 학생과 학부모에게는 친절한 설명과 미소를 요구받고 있는 것입니다. 이러한 상황에서 교사로서의 사명감은 어디론가 사라져 버리고 안정적인 생계유지와 퇴근 이후의 편안한 삶을 보장 받고자 생계 전선에서 고군분투하는 직장인으로서의 모습만 남아 있지는 않은지요.

이렇게 학교 안(內) 관계와 업무에서 받는 스트레스를 최소화하기 위하여 침묵이나 방관의 방법을 선택하여 살거나 각 개인의 행복에만 초점을 맞추어 살다보면 구성원들과 협력하며 모두가 행복한 학교를 만들겠다는 함께하는 동료로서의 모습보다는 개인의 이익만을 추구하는 이기주의의 모습이 더 많이 드러나게 됩니다.

다양한 세대의 공존

학교에서 MZ 세대[4]의 젊은 교사들은 어떤 특징을 가지고 있을까요? 학교에서 '젊다'고 지칭되는 세대가 모두 MZ 세대는 아닐 것입니다. 좀 더 나이가 있지만 MZ 세대처럼 의식하며 살아가는 교사도 있을 것이고, 또한 MZ 세대라 할지라도 모두 그 세대의 특징처럼 살고 있지는 않을 것입니다.

아래의 표는 각 세대 별 충성의 대상 차이를 일반적으로 분석해 놓은 것입니다. 여기서 '회사'라는 단어를 '학교'로 바꾸어 읽어 보면 학교 안 세대 간의 특성을 좀 더 잘 이해할 수 있을 거라 생각됩니다.

세대별 충성의 대상 차이[5]

구분	70년대생	80년대생	90년대생
회사에서 충성의 대상	회사 그 자체	자기 팀과 프로젝트	자기 자신과 자신의 미래
회사에 대한 충성의 대가	회사에 대한 충성은 곧 나에 대한 충성	몸값과 승진을 보장함	회사에 헌신하면 헌신짝이 됨

안정적 삶은 어느 한 세대의 희망이 아니라 모든 세대가 원하는 삶이었습니다. 하지만 정작 MZ 세대는 안정적인 삶보다 인간다운 삶을 살기 원한다고 말합니다. 공무원이나 교사라는 직업을 원하는 것은 단지 철밥통이 되기 위해서가 아니라 법이 정한 테두리, 즉 법정 근로시간에 따라 일하고 쉴 때는 쉬는 삶을 영위하고 싶다는 희망에서 비롯된 것입니다. 연봉, 복리후생, 지리적 위치, 사회적 위상 등 회사 선택의 기준은 매우 다양합니다. 하지만 MZ 세대는 무엇보다 '일과 삶의 균형(워라벨)'을 이루는 것이 가능한가를 우선으로 두고 있습니다. 이런 세대를 이해하지 않고 변하는 세상을 탓하기만 한다면 그냥 '꼰대'로 남겠다는 것입니다.

학교에서 젊은 교사들에게 더 이상 학교나 조직에 대한 '충성'이나 퇴근시간을 넘겨 워라벨의 '라'의 균형을 깨뜨리라고 요구하기는 어렵습니다. 또한, '승진'이나 '점수' 이야기를 해서 회유하는 것도 통하지 않을 것입니다. 오히려 젊은 교사들에게 필요한 것은 '방학 중 자유로운 연수시간 보장', '법적인 시간 안에서 수업 이후 시간 자율 조퇴', '일정한 부분의 예산 자율 사용권', '학교 내 자유로운 와이파이 시스템', '교과별 특별실이나 연구실 보장' 등의 자유로운 근무조건이나 '의견을 들어줌', '나의 가치를 인정받음', '업무의 자율권이 있음' 등과 같은 문화가 더 중요한 가치로 생각되고 있는 것 같습니다.

Latte is Horse[6]

이번에는 학교의 리더인 교장(감)의 입장에서 학교를 들여다볼까요?

진짜 이기적인 교사

요즘 학교 교장(감)의 입에서는 소신 있게 학교를 운영하기가 더 어려워졌다는 말들이 많이 나오고 있습니다. 그들의 입장에서 보면, 무언가 학생들에게 도움이 되는 교육청 공모사업을 권유하려고 해도 추진할 담당 교사를 선정하기 쉽지 않고, 교사 개개인의 능력을 살펴보면 뛰어난 것 같은데 학생교육을 위해서 헌신을 하겠다고 나서는 교사를 만나기가 쉽지 않다고 말합니다.

라떼에 비하면 육아시간, 여성보건휴가, 가족돌봄휴가, 자율연수 휴직제도… 등등 복지제도가 훨씬 좋아져 내가 만약 요즘 교사를 한다면 정말 행복할 것 같은데, 왜 이리 불만이 많고 자기 것만 챙기려는 교사가 늘어난 것인지, 격세지감을 느낀다고 이야기하기도 합니다.

집단지성보다 개인주의

사회가 복잡해짐에 따라 다양한 차원의 집단들이 직면하는 과제들에 대해 한두 천재적 개인들의 기량에만 기대어서는 해결하기가 점점 더 어려워졌습니다. 그보다는 구성원들의 지적, 실천적 역량을 어떻게 하나로 가장 잘 모으는가가 경쟁의 요점이 되는 시대이지요. 지식경제, 빅데이터, 인공지능 등 21세기에 들어와서 각광받기 시작하고 있는 신조어들이 모두 집단지성의 원리에 바탕을 두고 있다는 사실이 이 점을 잘 말해주고 있습니다.[7]

이처럼 집단지성은 우리 사회에서 매우 중요한 개념으로 대두되었습니다. 특히 협력적 사회와 문화를 만들고자 하는 학교에서 집단지성은

37

제1장 각자도생(各自圖生) 학교

모두를 함께하게 하는 중심 철학이라고 할 수 있습니다. "우리는 나 보다 위대하다", "한사람의 열 걸음 보다 열 사람의 한 걸음이 더 낫다"라는 말처럼 아무리 혼자 똑똑하다 해도 우리가 함께 할 때 더 많은 사람에게 유익한 결론을 도출할 수 있을 것입니다. 이런 협력을 실천하기 위하여 요즘 시도교육청에서는 정책적으로 '전문적 학습공동체', '교직원 회의 문화' 등을 강조하고 있지요. 그런데 다음 사례에서 보듯이 정작 학교에서는 집단지성이 발휘되기가 쉽지 않아 보입니다.

> C교사는 학교 교육과정 운영계획서를 써야 하는 연구부장이다. 몇 년 전까지만 해도 모든 구성원이 함께 모여서 학교의 비전을 만들고 한 해 동안의 중점사업을 구상하는 회의를 가졌었는데, 비전을 새로 정할 필요도 없는 것 같고, 작년에 비해 크게 바꿀 내용도 없는 것 같아 보인다. 코로나19라 그런지 교사들이 점점 모이는 것을 꺼려하는 것 같고, 비대면으로 이루어지는 실시간 화상회의는 비효율적이라고 생각된다. 올해는 학교 교육과정 운영계획서의 내용을 크게 바꾸지 않고, 작년 내용 위에 각 부서에서 올해 꼭 해야 하는 부분만 수정해서 보내달라고 할 예정이다.
> 신임 부장들에게 그렇게 연락해 두었으나 아직 몇 명이 보내지 않았다. 나는 작년 학교 교육과정 운영계획서를 보고 며칠 동안 혼자서 거의 작성을 끝내느라 힘들었는데 그나마 각 부서에서 할 부분만 쪼개서 협조를 구해도 그것조차 빨리 주지 않는다. 이러니까 여러 명이 함께 일을 하면 늦어지기만 한다. 역시 모든 일은 혼자서 하는 것이 훨씬 속 편하다.

위 사례는 학교 내에서 업무를 추진함에 있어 집단지성을 발휘하지 못하고 개인주의로 일을 하고 있는 모습이라고 할 수 있습니다. 집단지성의 중요성에 대해서는 대부분 교사가 공감하고 있지만 혁신교육 초기에 보여줬던 관심과 열정에 비해서 형식적으로 이루어지고 있거나 퇴색되고 있는 모습도 보이는 것 같습니다. 그리고 코로나19에 대응한 '빨리 빨리' 결정 경험은 시간이 오래 걸리고 손이 많이 가는 집단지성보다 편리한 개인주의 문화를 만들어내고 있지는 않은지 살짝 우려가 되기도 합니다.

나의 이익 vs 행복한 학교

앞에서 너무 부정적이고 암울한 이야기만 했나요? 그래도 그 기저에는 '협력하는 학교가 행복한 학교다'라는 메시지를 담고 있는데 눈치 채셨나요? 요약하자면 인간은 개인의 이익도 취해야 하고 타자와의 협력도 해야 한다는 것인데 이 말이 뭔가 모순이 있어 보이기도 하고요. 그렇다면 사익이 협력을 통해서 더 많이 취할 수 있는 것이라면 금상첨화가 아닐까요? "죄수의 딜레마"에서 모두 배신보다 협력을 선택했을 때 개인의 이익은 최고치보다 조금 떨어질 수 있지만 집단의 이익은 최대치가 되는 것을 알 수 있습니다. 우리 책은 이런 관점에서 계속 이야기를 풀어나가고 있는데 여기서 살짝 맛보기로 살펴볼게요.

앞에서 무임승차, 배신 등의 선택의 궁극적인 목적은 자신의 이익을 취하기 위한 행위들입니다. "공유지의 비극" "죄수의 딜레마" 상황에서는 얻고자 했던 분명한 이익이 있습니다. 그리고 자신이 최대의 이익을 얻기 위한 선택을 고민합니다. 그런데 한 단계 더 들어가서 생각을 해 보면 이익을 얻고자 하는 궁극적인 목적은 그 이익을 통한 심리적 만족감, 즉 행복을 느끼기 위해서가 아닐까 합니다. 그럼 자신의 이익만을 추구하는 것이 과연 행복감, 만족감의 최대치를 가져올 수 있을지에 대해 한 번 생각해 보면 좋겠어요. 내가 이득을 취하는 것 중 많은 부분이 다른 사람의 헌신이나 희생을 통해 얻은 결과라면 양심의 가책이라는 것 때문에 심리적으로 감해지는 행복 점수가 있지 않을까요? 앞서 이야기한 모두를 위한 헌신에 대한 일정 부분의 손해를 통해 더 크게 얻어지는 심리적인 이익도 있을 거란 생각이 듭니다. 이런 측면에서 학교라는 공간을 한번 들여 다 봐야겠어요. 그리고 이를 통해 정량적인 이익뿐만 아니라 심리적인 만족감, 행복감이 개인의 이익에 어떤 의미로 작용되는지도 한번 살펴보면 좋겠습니다.

개인의 이익과 모두의 행복은 갈등한다

학교는 다수의 구성원이 서로 다양한 상호작용을 하며 살아가는 공간입니다. 이익의 관점에서 본다면 학교에서의 삶은 복잡한 관계 속에서 이익, 즉 행복의 최대치를 만들기 위한 선택의 문제가 되겠지요. 기본적으로 인간은 누구나 행복을 추구하며 살아갑니다. 각자가 살아가는 삶의 공간에서의 경험은 행복에 많은 영향을 미치게 됩니다. 잠자는 시간 8시간을 뺀 활동 시간만 따지면 교사의 경우 활동시간 2분의 1을 학교라는 공간에서 머무릅니다. 이렇다면 학교에서의 삶의 경험이 어떤지에 따라 교사가 느끼는 행복의 질도 달라지지 않을까요.

그럼에도 불구하고 전체의 행복보다는 개인의 이익을 취할 수 밖에 없는 상황들이 학교에는 너무 많은 것 같습니다. 예를 들어 학생의 경우 학생자치회 임원 활동을 스펙 등 자신의 필요에 의해서 참여하거나 개인 일정에 맞춰 학교공식일정을 조정한다든지 하는 모습을 볼 수 있습니다. 학부모의 경우에도 자신의 자녀에게 조금이라도 유리하게 작용하기 위해 학교에 건의하거나 학부모회나 학급회 임원이나 각종 학교 활동에 참여하기도 합니다. 생활기록부 기록과 관련해서도 자녀의 스펙이나 활동에 치우쳐서 과도하게 학교나 담임교사에게 요구하는 문제, 학교폭력문제 발생 시에도 평화로운 학교나 학급만들기 차원보다는 자기 자녀의 보호에 맞춰서 문제를 해결하려는 태도를 보이는 경우가 있습니다.

교사들의 경우에도 학생들에게 유익한 사업을 신청하려고 하더라도 자신의 업무부담이 늘어나고 불필요한 회의가 많아질 수도 있다고 생각해서 기피 하거나 망설이는 경우가 있습니다. 또한 학생을 위한 교육과정 선택권 보장이라는 근본적 취지보다는 자신의 교과 이기주의적 관점에서 정원감축이 발생하지 않고, 여러 과목을 맡지 않으려는 개인적 숨은 의도를 갖고 학생들이 신청 시 기피하거나 부정적인 부분만을 부각하려는 모습 등이 있는 것도 사실입니다.

이러한 갈등의 문제는 결국 개인의 이익과 행복한 학교라는 공익 간의 조화로운 접근이 필요한데, 실제 현실에서는 쉽지 않습니다. 결국 사람 간 이해의 문제이네요. 그래서 학교의 공동 이익인 행복한 학교를 만들기 위해서는 결국 사람의 관계에 관심을 갖고 접근해야 한다는 생각이 듭니다.

진짜 이기적인 교사

갈등의 해결, 결국 사람이다

앞의 내용을 보면 행복한 학교를 만드는 조건 중 중요한 지점은 같은 학교에서 살아가는 사람들 사이의 관계라는 사회적 자본이 어떻게 형성되었는지가 중요하게 영향을 미치고 있다는 것을 알게 됩니다. 교사는 보편적 개인인 동시에 교직이라는 특수한 직업 맥락 속에 존재하는 직업인이므로 개인으로서의 행복과 교사로서의 공적 행복을 함께 살피는 것이 필요합니다. 최근 교사의 전문성 논의가 시대, 사회·문화적 맥락에서 새롭게 접근되고 있는데, 미래사회의 변화에 따라 신전문주의, 민주적 전문성, 전문적 자본(사회적 자본) 개념을 바탕으로 미래교사의 핵심 역량도 변화되고 새롭게 확장되고 있다는 점에서 교사의 역할에 주목하기 시작하였습니다.[8]

본격적으로 이익, 즉 행복을 만들어 나가는 교사의 역할과 관계를 이해하기 위해선 우선 교사의 협력을 이끄는 행동에 대한 기본적 이해가 필요해 보입니다. 과연 교사들은 어떤 행동을 선택하고 좋아하는지 그리고 이를 협력적 행위로 어떻게 연결될 수 있는지에 대한 구체적인 답을 찾는 게 모두가 행복한 학교를 만드는 답이 아닐까요?

현명하게, 때로는 이기적으로,
때로는 이타적으로

　앞에서 각자도생의 학교, 행복한 학교의 모습에 대해 이야기를 했는데 선생님 학교는 어떤 모습인가요? 그런데 아직까지 시원하게 풀리지 않은 찜찜함이 남아 있네요. 조금 개인적인 이익을 추구하라는 것인지, 개인적인 이익을 추구할 수밖에 없다는 것인지, 개인보다는 공동체를 위하여 더욱 헌신하라는 것인지 많이 헷갈리네요.

　그런데 어찌되었든 선생님, 행정직원 등 다양한 구성원들이 각자의 방식과 다양한 모습으로 누군가의 무엇을 위해 열심히 일하고 있지 않나요? 그 모습이 때로는 학교나 학년, 교과보다 자신을 중요하게 생각하는 개인주의로 보이기도 하고, 그래서 서로 간에 무기력감을 느끼기도 하고, 또 때로는 자신만의 이익을 생각하는 뻔뻔스러운 이기적인 모습으로 보이기도 합니다. 그렇다고 항상 그런 것은 아닙니다. 그래서 또 때로는 자기는 힘들고 손해를 보더라도 다른 사람에게는 아낌없는 도움을 주는

진짜 이기적인 교사

아주 친절하고 착한 이타적인 모습도 있습니다.

즉 우리는 저마다의 다양한 방식으로 서로 끊임없이 갈등하고 협력하며 열심히 살고 있습니다. 그러면 우리는 무엇이 옳은지, 무엇이 좋은지 또는 무엇을 해야 하는지 어떻게 판단하고 어떻게 실천하며 살아야 할까요? 이기적으로 살아야 할까요? 이타적으로 살아야 할까요?

뻔뻔한 이기주의자

대부분 사람은 먼저, 자기 이익에 더 관심을 두지 않나요?

"인간의 모든 행위는 자기 자신의 이익을 위한 것이다."[9] 바로, 도덕철학의 심리적 이기주의 관점입니다. 어떤 행동을 할 때 다른 사람의 입장을 고려해야만 하는 상황에서도 자기 자신만의 이익을 생각해서 행동한다는 것입니다. 이러한 개인은 자유주의적 관점에서 자신의 권리와 이해관계 그리고 자율성을 강조하는 인간상으로 '권리를 강조하는 시민'이라고 할 수 있습니다.[10]

그러면 자신의 권리와 이익만을 생각하며 이기주의자로 사는 것이 당연하다는 말인가요? 이건 좀 과장된 것 같아요. 이기주의도 듣기 좋은 말은 아닌데, 뻔뻔스럽기까지 하다니요?

이런 예를 생각해보면 어떨까요?

학교 교무실에서 한 선생님이 학습지를 복사하는데 마지막 한 장을 남겨놓고 종이가 부족하다는 경고음이 삐! 삐! 삐! 울렸다. 복사지를 채워서 마지막 한 장을 복사할 수도 있는데 "한 장 정도는 없어도 돼"라며 종이를 채우지도 않고 쌩! 나가버린다. 복사기는 계속 울리고 결국은 나중에 다른 선생님이 복사지를 채워 넣고 마지막 한 장이 덜렁 복사되었다.

이런 행동을 뻔뻔스럽다고 할 수 있지 않을까요? 그 행동은 동기적으로도 자신의 이익에만 관심이 있었고 결과적으로도 다른 사람을 불편하게 만들었기 때문입니다.

분위기를 조금 바꿔보죠. 영국의 동물행동학자 리처드 도킨스(Richard Dawkins)는 유전자가 이기적이라고 했습니다.[11] 『이기적 유전자』 이야기입니다. 유전자부터 이기적이니까 인간은 원래 이기적인 존재가 아니냐고 생각할 수도 있습니다. 그런데 그게 아니라 도킨스의 이야기는 동물의 수많은 이타적 행동들이 무늬만 이타적으로 보일 뿐 유전자 수준에서는 자신과 같은 유전자를 복제해서 증식시키는 일에만 관심을 두는 이기적인 행동이라는 거예요. 그러니까 인간은 유전자라는 이기적 분자를 보존하기 위해 맹목적으로 프로그램된 로봇 운반자, 즉 생존 기계라는 것입니다.

뻔뻔스럽다는 이야기도 듣기 싫은데 유전자에 조종당하는 기계일 뿐이라고요?

진짜 이기적인 교사

복잡한 것 같지만, 사실 앞 절의 두 사례가 주는 메시지는 아주 간단합니다. 이들의 메시지를 한 마디로 요약하면, '상대방이 어떤 행동을 선택하더라도, 자신은 이기적으로 행동하는 편이 훨씬 유리하다'는 것입니다. 여기서 중요한 것은 '상대방이 어떤 행동을 선택하더라도'입니다. 다시 말해, 상대방이 협조를 하든, 배신을 하든, 약속을 지키든, 지키지 않든 간에, 나는 배신하거나 약속을 지키지 않는 편이 훨씬 이득이라는 점을 강조하고 있는 것입니다. 그래서 '과연 그 메시지대로 행동한 결과가 모두에게 이득을 주었을까?' 하는 의문은, 일단 여기서 중요한 문제로 보지 않습니다.

　앞에서 본 "죄수의 딜레마"를 생각해 봅시다. 용의자 A는 용의자 B가 어떤 행동을 선택 하더라도, 항상 자백(배신)하는 편이 훨씬 유리합니다. 만약 B가 부인(협조)할 때, A도 부인(협조)하면 둘 다 1년 형을 받지만, 이때 A가 자백(배신)하면 자신은 석방되기 때문입니다. 반대로, 만약 B가 자백(배신)할 때, A도 자백(배신)하면 둘 다 5년 형을 받는데, 이는 A가 부인(협조)했을 때 10년 형을 받는 것보다 훨씬 이득입니다. 따라서 상대방인 용의자 B가 어떤 행동을 선택하더라도, 용의자 A는 항상 배신하여 자백하는 편이 훨씬 유리한 것입니다. 반대로 용의자 B도 마찬가지입니다. A가 어떤 행동을 선택하더라도, B는 항상 배신하여 자백하는 편이 훨씬 유리합니다. 아마도 이런 선택을 처음 할 수 있게 만든 동기는 자신만 혼자 석방될 수 있을 것이라는 기대가 매우 컸기 때문이 아닐까 합니다.

"공유지의 비극" 사례도 마찬가집니다. 농부 A는 농부 B가 어떤 행동을 선택하더라도, 항상 약속을 어기고 무임승차하는 편이 훨씬 유리합니다. 만약 농부 B가 약속을 지킬 때 농부 A도 약속을 지키면 이득 10이 돌아오지만, 이때 농부 A가 약속을 어기면 그는 이득 15를 얻게 됩니다. 농부 B가 약속을 어길 때 농부 A가 약속을 지키면 이득 3을 얻지만, 농부 A도 약속을 어기면 이득 5를 얻게 되어 약속을 지키는 것보다 이득입니다. 반대로 농부 B도 농부 A가 어떤 행동을 선택하더라도 항상 약속을 어기고 무임승차하는 편이 유리합니다.

문제는 그 의도는 충분히 알겠는데, 이마저도 뭔가 불편하다는 겁니다. 그러니까 상대방이 선의를 베풀며 협조하거나, 약속을 지키더라도 '나는 그를 배신하거나 무임승차하는 편이 훨씬 낫다고? 어떻게 그럴 수 있죠? 아무리 나의 이득과 편의도 생각할 줄 알아야 한다지만, 그동안 학교에서 어쩔 수 없이 뒷전으로 밀렸던 개인의 사정과 형편을 이젠 먼저 고려해야 한다고 하더라도, 뭔가 개운치 않습니다. 두 사례가 주는 메시지는 지금의 상황을 위로하고 격려해 준다기보, 오히려 불편하게 만드는 것 같습니다. 게다가, 죄수의 딜레마나 공유지의 비극이 주는 메시지대로 행동한 결과는 무엇입니까? 모두에게 이득과 편의를 주었나요? 오히려 모두 선의를 베풀거나, 모두 협력하거나, 모두 약속을 지켰다면, 최소한 더 나은 결과를 주지 않았을까요?

어쨌건 이기적인 사람들만 모여 있는 어떤 집단은 개럿 하딘(Garrett Hardin)이 이야기한 공유지의 비극을 초래하고 말 것입니다.

인간의 이기적인 모습을 두고 뻔뻔스럽다느니, 유전자 운반 기계일 뿐이라느니, 자신의 권리만 생각한다느니 이런 소리를 듣느니 차라리 성인군자 같은 이타주의자가 낫겠네요.

진지한 이타주의자

그래, 지금부터 환골탈태해서 성인군자처럼 다른 사람들을 위하여 묵묵히 희생하는 이타주의자가 되어야겠어.

즉 다른 사람의 이익을 행동의 규칙이나 의무의 기준으로 생각하는 도덕적 당위의 입장이죠. 남에게는 혜택(이익)을 주지만 (사회적으로는 이익이 되지만) 정작 자신에게는 손해가 되는 그런 행위를 이타적 행위라고 합니다.[12] 이러한 입장에서 행동하는 사람들은 공화주의적 관점에서 개인의 권리보다 공동체와의 관계 속에서 자신의 책무를 다하며 헌신하는 책임을 강조하는 시민이라고 할 수 있습니다.[13]

공동체를 위하여 다른 사람들을 도와야만 한다는 도덕적 당위 때문에 나를 희생하고 손해 보는 것이 당연한가요?

이럴 때 여러분은 어떤 결정을 내릴지 같이 생각해볼까요? 여러분이 잘 아는 죄수의 딜레마 게임에서는 어떤 범죄와 관련된 두 용의자가 서로 협조하여 묵비권을 행사하는 것보다 자신만의 이익을 위해 상대방을 배신하여 자백하는 것이 더 유리한 우월전략이라고 합니다. 그래서 결국은 서로 배신하게 되고 모두 징역 5년을 선고받을 가능성이 가장 큽니다. 그런데 둘 다 협조해서 묵비권을 행사하면 둘 다 징역 1년 형을 받는 가장 큰 이득이 있는데도 말입니다…. 그러니까 딜레마입니다.

모든 사람이 서로를 믿고 이타적으로 사는 것도 쉬운 일은 아닌 것 같습니다. 그런데 왜 사람들은 자신을 희생해서 헌혈하고, 자기 돈을 들여서 누군가를 돕는 기부활동을 할까요?

현명한 이기주의자

이기주의자와 이타주의자 그 양 끝 사이에는 중간이 없는 것 같습니다. 그래서 도덕은 우리에게 자신의 이익과 다른 사람의 이익 간에 균형을 이루어 행동하라고 요구합니다.[14] 그러면 뻔뻔한 이기주의자와 진지한 이타주의자 사이에서 어떻게 균형 있게 행동하라는 말일까요? 『현명한 이기주의』를 쓴 요리후지 가츠히로의 이야기를 빌려서 생각해보면 어떨까요? 나는 최소한의 양심도 있고 다른 사람의 시선도 의식하지 않을 수 없으니 상황에 따라 얼굴빛이 조금 붉게 변하며, 다른 사람들을 도와주기도 하는 소심한 이기주의자라면 괜찮지 않을까요?

나는 소심한 것도 싫고 이기적인 것도 싫어요. 그런데 생각해보면 나는 상황에 따라 최소한 어느 정도는 이기적이에요. 그렇다고 항상 나를 희생하며 다른 사람들을 위해 이타적으로만 살 수도 없어요.

그렇습니다. 나와 다른 사람의 이익이 균형을 이루는 것이 좋다고 한 것처럼 내로남불(내가 하면 로맨스 남이 하면 불륜이라고)하지 말고, 너도 좋고 나도 좋으면 어떨까요? 일단은 나에게 이익이 되어 내가 좋아야 하고 또 다른 사람에게도 이익이 되어 좋아야 하니, 애매한 이기주의자, 애매한 이타주의자 정도가 되겠네요. 일단은 '현명한 이기주의자'라고 해두겠습니다. 이기적이면서도 이타적인 것 같고, 이타적이면서도 이기적인 것으로요.

좋아요! 이기주의자가 현명하다는 게 무슨 말인지 궁금해집니다. 재미있을 것 같네요. 아마 이 책을 읽어 가면서 어떻게 현명한 이기주의자가 될 수 있는지에 대한 해답을 찾아갈 수 있지 않을까 싶습니다. 이를 위한 첫 번째 단계로 학교에서 협력이 일어나지 못하는 원인을 찾아봐야 할 것 같아요. 교사가 원래 이기적인 집단이라서? 아니면 각자도생할 수밖에 없는 환경적인 이유가 있지 않을까? 무척 궁금해집니다. 현상을 정확히 알아야 해답도 찾을 수 있겠지요. 제2장에서는 이기적 교사의 협력하지 않은 학교 현상에 대해 구체적으로 한번 살펴보도록 하겠습니다.

■ 교사 행복 지수는 얼마나 될까?[15]

교사 행복이란 개인적 삶에 대한 주관적 안녕감을 기반으로 교사로서의 효능감을 발휘하여 교육의 가치를 구현하는 주체로서 보람과 충족감을 느끼는 상태를 의미합니다. 교사는 보편적 개인인 동시에 교직이라는 특수한 직업 맥락 속에 존재하는 직업인으로서 개인으로서의 행복과 교사로서의 공적 행복을 함께 살피는 노력이 무엇보다 필요합니다. 과연 나는 교사로서 얼마나 행복할까요? 각자 설문 문항을 체크해 보고 생각해 봅시다.

[점수 체크] 1. 전혀 그렇지 않다 2. 별로 그렇지 않다 3. 그렇다 4. 대체로 그렇다 5. 매우 그렇다

■ 교사 개인 요인

소영역	내용	조사 문항	점수 체크
교사 효능감	교과지도 효능감	나는 교과지도에 대해서 전문성을 발휘할 수 있다고 믿고 있다.	
	생활지도 효능감	나는 학생생활지도에 대해서 전문성을 발휘할 수 있다고 믿고 있다.	
	교무행정업무 효능감	나는 교무행정업무에 대해서 전문성을 발휘할 수 있다고 믿고 있다.	
목표추구 및 성장노력	목표 추구	나는 교사로서 이루고자 하는 목표와 비전이 있다.	
	전문성 신장	나는 교사로서의 전문성 신장을 위해 지속적으로 노력하고 있다.	
소속감 및 기여도	소속감	나는 우리 학교에 속해 있다는 것에 자긍심을 느낀다.	
	공동체 공헌감	나는 우리 학교에 필요한 존재라고 느낀다.	
	학생성장에 대한 기여	나는 학생들의 성장을 위해 필요한 존재라고 느낀다.	
학교 구성원과의 대인관계	교사와의 관계	나는 우리 학교 교사들과 긍정적 관계를 맺고 있다.	
	학생과의 관계	나는 우리 학교 학생들과 긍정적 관계를 맺고 있다.	

	학부모와의 관계	나는 우리 학교 학부모들과 긍정적 관계를 맺고 있다.	
학교 구성원과의 대인관계	행정직원과의 관계	나는 우리 학교 행정직원들과 긍정적 관계를 맺고 있다.	
	교장과의 관계	나는 우리 교장과 긍정적 관계를 맺고 있다.	

■ 교사 환경 요인

소영역	내용	조사 문항	점수 체크
학교시설	전반적 시설 만족	나는 우리 학교 시설에 전반적으로 만족한다.	
수업여건	수업 관련 전반적 지원 만족	나는 우리 학교의 수업 여건에 전반적으로 만족한다.	
교무행정 업무 여건	교무행정업무의 분담	나는 교무행정업무의 배분이 적절하다고 생각한다.	
	양적 만족	나는 교무행정업무의 양이 적절하다고 생각한다.	
성장지원	성장지원에 대한 만족	나는 우리 학교가 연수나 학습공동체, 연구회 등 다양한 성장경험을 위한 지원을 충분히 제공한다고 생각한다.	
교장 민주적 리더십	교장의 소통능력	나는 우리 교장은 학교 구성원의 의견을 존중하고 경청하는 편이라 생각한다.	
	민주적인 학교경영	나는 우리 교장이 민주적이고 합리적으로 학교를 운영한다고 느낀다.	
민주적 학교문화	학교 구성원과의 수평적 관계 형성	나는 우리 학교 구성원들이 교육활동 수행에 있어 서로 수평적 관계를 맺고 있다고 생각한다.	
	학교의 의사결정 과정에서의 민주적 문화형성	나는 우리 학교의 교육활동 과정에 대한 의사결정과정 이 민주적이라고 생각한다.	
협력적 학교문화	전반적 협력공동 체로서의 인식	나는 우리 학교 구성원들이 교육활동 수행에 있어 서로 협력적 관계를 맺고 있다고 생각한다.	
	문제상황 발생 시 협력적 노력	나는 우리 학교 교사들이 교육적 문제 상황에 대면했 을 때 서로 협력하여 적절한 해결 방안을 찾아간다고 생각한다.	

자율적 학교문화	교사의 주체적 결정	나는 교육활동을 수행함에 있어 주도적 결정을 할 수 있다고 느낀다.
	교사의 자율적 수행	나는 우리 학교 구성원들이 우리 학교의 교육활동 및 운영 방안에 대해 자율적으로 논의하고 결정할 수 있는 권한이 있다고 생각한다.
현장중심 행정지원	교육청	나는 학교 교육활동을 함에 있어 교육지원청의 정책지원이 적절하다고 느낀다.
	교육지원청	나는 학교 교육활동을 함에 있어 교육지원청의 정책지원이 적절하다고 느낀다.
	지자체	나는 학교 교육활동을 함에 있어 지자체의 정책 지원이 적절하다고 느낀다.
사회적 인식	사회적 신뢰	나는 교사가 우리 사회로부터 신뢰를 받는다고 느낀다.
	교사에 대한 학생 인식	나는 우리 학교 학생들에게 인정과 존경을 받고 있다고 느낀다.
	교사에 대한 학부모 인식	나는 우리 학교 학부모들에게 인정과 존경을 받고 있다고 느낀다.
교권의 인정과 보호	학교 전반에서의 교권보호	나는 교권을 보호받고 있다고 느낀다.

■ **결과 활용 Tip**

교사 행복 지수는 주관적 만족도 조사 성격이 강하기 때문에 100점 만점으로 환산하여 몇 점 이상이면 행복하다라고 단정적으로 말하기에는 한계가 있습니다. 따라서 환산점에 너무 신경쓰기 보다는 교사개인요인(4개 소영역–13문항)과 교사환경요인(11개 소영역–20문항) 내용 중에서 어떤 부분이 강점이고, 또는 취약한지에 대한 분석적 성찰과 대안 마련이 필요합니다. 참고로 2020년 경기도 교사 1,629명을 대상으로 실시한 조사 결과, 100점 환산 평균값이 71.52점으로 나타났고, 가중치를 반영한 행복지수 값은 75.35점이었습니다. 또한 학교급별로는 초등학교 교사는 77.66점, 중학교 교사는 75.46점, 고등학교 교사는 73.60점이었습니다.

1   최정규(2019). 이타적 인간의 출현. 뿌리와 이파리. p.30의 내용을 재구성

2   최정규(2019). 이타적 인간의 출현. 뿌리와 이파리. pp.45~48의 내용 재구성

3   오중열(2021). 교사의 학교책무성 인식을 매개로 한 교장의 변혁적 리더십과 교사협력의 관계. 아주대 교육학과 박사학위 논문. p.24; 권순형·김도기(2013). 교사 협력 진단 도구 개발 및 타당화. 교육행적학연구, 31(1), pp.109~132에서 교사협력은 교사의 직무수행 과정에서 공동의 목적을 달성하기 위해 상호 간 지식과 정보를 공유하고 신뢰하며 자신이 맡은 일에 책임을 지면서 자율적으로 함께 일하는 것으로 정의하였음.

4   1980년대 초반~2000년대 초반 출생한 밀레니엄(M) 세대와 1990년대 중반 ~2000년대 초반 출생한 Z세대를 아울러 이르는 말이다(출처 : 네이버 어학사전).

5   임홍택(2018). 90년생이 온다. ㈜웨일북.

6   "나 때는 말이야…"는 '꼰대스러움'을 유머러스하게 표현하는 유행어이다(출처 : 네이버 어학사전).

7   권찬호(2018). 집단지성의 이해. 박영사.

8   김성천 외(2021). 미래교육을 펼쳐가는 교원 자격체제 다양화 방안 연구. 경기도교육청. p.18

9   제임스 레이첼즈(1986). 노혜련·김기덕·박소영 역. 도덕철학의 기초. 서울 : 나눔의집.

10 이병희·이지명·최종철·홍석노(2018). 경기도 학교민주시민교육 발전 방안 연구. 경기도교육연구원. p.80

11 리처드 도킨스(2018). 홍영남·이상임 역. 이기적 유전자. 을유문화사.

12 최정규(2019). 이타적 인간의 출현, 뿌리와 이파리.

13 이병희·이지명·최종철·홍석노(2018). 경기도 학교민주시민교육 발전 방안 연구. 경기도교육연구원. p.80

14 제임스 레이첼즈(1986). 노혜련·김기덕·박소영 역. 도덕철학의 기초. 서울 : 나눔의집.

15 교사 행복 지수 문항은 허연구(2020). 경기도 교사 행복지수 개발. 정책 2020-
   07. 경기도교육연구원에서 참고하여 제시하였음.

이기적 교사,
협력하지 않는 학교

실제 학교 현장에서는 선생님들이 서로 돕고 협력하는 분위기를 찾기 어렵다고 합니다. 전혀 팀워크가 이루어지지 않는 경우도 있다고 하지요.

그 이유도 다양합니다. 교사들의 개인적 성향 때문이라든지, 과도한 업무 배정 때문에 주변을 돌아볼 여유조차 없다든지, 교장(감)의 방임적 태도 때문이라든지, 관행처럼 굳어진 학교의 냉담한 분위기라든지, 어쩔 수 없이 그런 분위기가 만들어질 수밖에 없는 제도와 구조적인 문제라는 이유 등 말입니다. 이유야 어쨌든, 그리고 정도의 차이가 있을 뿐, 요즘 학교에서 협력이 잘 이뤄지지 않는다는 점은 분명한 것 같습니다.

이 장에서는 학교에서 협력이 이뤄지지 않는 다양한 사례와 그 이유를 살펴보고자 합니다. 이를 통해 현재 우리 학교와 교사들은 어떤 상황에 처해있는지 스스로 들여다볼 기회를 갖고자 합니다.

학교 딜레마

다음은 앞장의 서두에서 제시했던 학교에서 일어날 수 있는 공유지의 비극 사례를 죄수의 딜레마 관점에서 재구성해 본 것입니다. 학교에서 전혀 협력이 일어나지 않는 공유지의 비극과 같은 상황에서 선생님들은 어떤 태도를 선택할까요?

교사 공동 휴게실 관리의 딜레마

A교사의 학교에서 드디어 교직원회의가 열렸습니다. 학교에 마련된 교사 공동 휴게실을 제대로 관리하자는 내용이었습니다. 일단 교사들이 공동 휴게실을 이용할 때마다, 자발적으로 관리하자는 의견이 나왔습니다. 그래도 관리가 안 되면, 순번을 정하거나 사용을 제한하자는 의견도

있었습니다. 다행이다 싶었습니다. 이제 예전처럼 쾌적한 환경에서 쉴 수 있을 것을 생각하니 반가웠습니다. 그러나 '자발적으로 관리하자'는 말이 마음에 걸렸습니다. 선뜻 나설 마음이 아직 없기 때문입니다. 자신이 한만큼 다른 사람도 그렇게 할 것이라는 보장도 없습니다. 솔직히 다른 사람이 깨끗이 관리한 공동 휴게실을 모른 척하고 사용하는 편이 훨씬 이득인 것처럼 보이기 때문입니다. 다른 교사들의 생각도 비슷할 것 같습니다. 말 그대로 딜레마 상황입니다. 이를 간단히 정리하면 아래와 같습니다.

교사 공동 휴게실 관리에 따른 이득

구분		다른 교사 B	
		자발적으로 관리할 때	모른척하고 사용할 때
교사 A	자발적으로 관리할 때	이득10, 이득10	이득3, 이득15
	모른 척하고 사용할 때	이득15, 이득3	이득5, 이득5

그러나 여기서 교사 A는 다른 교사 B가 '어떤 행동을 선택'하더라도, 그냥 모른 척하고 휴게실을 사용할 때 훨씬 이득입니다. 만약 다른 교사 B가 자발적으로 휴게실을 관리하기로 한 약속을 지킨다면, 교사 A도 자발적으로 휴게실 관리에 참여할 때 얻는 이득 10보다, 그냥 모른척하고 사용할 때 얻는 이득이 훨씬 크기 때문입니다. 반대로, 다른 교사 B가 휴게실을 그냥 모른척하고 사용하더라도, 교사 A는 자발적으로 관리할 때보다 얻는 이득 3보다 모른 척하고 사용할 때 얻는 이득 5가 큽니다. 다시 말해 상대방이 '어떤 행동을 선택'하더라도, 즉 교사 B가 휴게실을

자발적으로 관리하기로 협조하든, 그냥 모른 척하고 휴게실을 사용하든, 교사 A는 모른척하고 무임승차하는 편이 훨씬 이득이라는 점입니다. 이어지는 아래 이야기도 마찬가집니다.

학교폭력업무 배정의 딜레마

올해 교사 B가 배정된 학생생활인권부에서 업무분장을 위한 회의가 열렸습니다. 학교폭력업무를 누가 맡을지가 큰 문제였습니다. 비교적 젊은 층에 속한 교사는 B와 C 둘 뿐입니다. 교사 B는 작년까지 고3 담임을 몇 년간 맡았다가, 올해 처음 비담임이 되었습니다. 교사 C는 올해 다른 학교에서 전입해 왔습니다. 둘 사이에 묘한 긴장감마저 감돌았습니다. 만약 먼저 자원하면 학교폭력업무를 맡아야 하고, 침묵하는 경우 다른 업무를 하며 비담임을 할 가능성이 크기 때문입니다. 부장교사는 모두 자원하면 학교폭력업무를 자신도 맡아 분담하면서, 내년엔 반드시 다른 업무를 맡아 비담임만 할 수 있도록 배려하겠다고 약속했습니다. 대신 모두 침묵하면 올해 부장교사의 기획업무까지 분담하면서, 내년엔 반드시 학폭업무를 담당해야 한다고 했습니다. 모두 잠시 고민에 빠졌습니다. 누군가는 학폭업무를 맡아야 하기 때문입니다. 그러나 교사 B는 침묵하는 편이 낫다고 생각했습니다. 먼저 자원하는 것보다, 침묵하는 편이 훨씬 이득일 것이라고 생각한 것입니다. 이를 간단히 정리하면 아래와 같습니다.

학교폭력업무 배정에 따른 이득

구분		다른 교사 C	
		자원	침묵
교사 B	자원	학폭분담(내년 비담임), 학폭분담(내년 비담임)	학폭담당, 비담임
	침묵	비담임, 학폭담당	기획업무(내년 학폭), 기획업무(내년 학폭)

여기서 교사 B는 교사 C가 '어떤 행동을 선택'하더라도, 자원하는 것보다 침묵하는 편이 훨씬 이득일 것입니다. 만약 교사 C가 자원했을 때 교사 B도 자원한다면, 둘 다 학폭업무 분담에 내년 비담임 배정을 약속받지만, 교사 B가 침묵한다면 당장 비담임을 보장받기 때문입니다. 반대로 교사 C가 침묵했을 때 교사 B가 자원한다면, 교사 B는 당장 학폭업무를 맡게 될 것이지만, 적어도 침묵한다면 기획업무를 분담하면서 학폭업무는 내년으로 미룰 수 있기 때문입니다. 따라서 교사 B는 교사 C가 '어떤 행동을 선택'하더라도, 다시 말해 교사 C가 자원하든 침묵하든 상관없이, 교사 B는 항상 침묵하고 있는 편이 자신에게 훨씬 이득이라는 점입니다.

앞에서 본 것처럼, 이 사례는 '공유지 비극'이 일어나고 있는 상황을 "죄수의 딜레마" 관점에서 다시 재구성한 것입니다. 이 이론이 주는 메시지는 언제나 동일합니다. 상대방이 어떤 행동을 선택하더라도, 즉 상대방이 선의를 베풀든 아니든, 협조를 하건 배신을 하건, 약속을 지키든 어기든지 간에, 나는 언제나 이기적으로 행동해야만 유리하다는 메시지입니다. 모두 그렇게 행동한 결과가 전체적으로 과연 이득인가의 문제는

진짜 이기적인 교사

여기서는 별로 중요하게 다루지 않습니다. 자신의 이득을 중요하게 고려해야 한다지만, 정말 냉정하기 짝이 없는 아이디어입니다. 이런 메시지가 모두 진실이라면, 학교에서는 그 어떤 종류의 협력을 기대하긴 어려울 것 같습니다. 그래서 이를 '학교 딜레마'의 상황 내지 '학교 공유지의 비극'으로 부를 수 있을 것 같습니다.

눈에는 눈, 이에는 이

'상대방이 선의를 베풀든 아니든, 협조를 하건 배신을 하건, 약속을 지키든 어기든지 간에, 나는 언제나 이기적으로 행동해야만 유리하다'라고 하는 학교 딜레마 상황은 많은 경우 우리에게 이기적인 입장을 취하게 만듭니다.

갈등하는 두 교사, 누가 더 옳은가?

앞에서 죄수의 딜레마 상황을 학교 딜레마 상황으로 대입시켜 살펴본 것에 이어서, 우리 학교의 모습을 조금 깊이 들여다보기 위해 갈등 상황에 있는 두 교사의 입장으로 나누어 사례를 살펴보면 좋을 것 같습니다.

A교사 : 10년 동안 고등학교에서 근무하던 나는 새로운 지역의 새로운 학교로 전근을 와보니 중학교 3학년 담임으로 업무분장이 되어 있었다. 나는 중학교에서 근무해 본 경험도, 중3 담임을 맡아 본 적도 없다. 수업도 새로 짜야 하고 담임 역할도 새롭게 배워야 한다. 난감하다. 다행히 동(同) 교과를 두 명이 가르치니, 수업은 B선생님께 물어보고, 담임 업무는 학년 부장님께 물어보면서 하면 될 것 같다.

B교사 : 나는 참 운이 없는 것 같다. 동 교과를 담당한 A선생님이 새로 오셨는데, 교과에 관해 설명을 해줘도 제대로 이해하는 것 같지 않다. 도대체 고등학교에서는 어떻게 학생들을 가르쳤던 것인지 이해가 잘 가지 않는다. 무엇보다 동영상 자료와 학습지를 단원별로 한 번씩 번갈아 가면서 올리기로 했는데, A선생님이 2단원을 아직 올리지 않아 1단원에 이어 내가 계속 올리고 있다. 수행평가도 마찬가지다. 본인이 먼저 연구하거나 생각하지 않고 무조건 나에게 물어본다. 다음 단원도 이러면 그때는 내 자료를 공유하지 않을 생각이다.

A교사 : 새로운 학교에서 정신없이 한 달이 지나갔다. 처음에는 출퇴근도 낯설고 힘들었는데, 이제 적응이 되어 가는 것 같다. 그런데 동 교과를 같이 담당한 B선생님 때문에 힘들다. 뭔가 설명을 해줄 때도 친절하지 않은 것 같아 점점 상대하기가 싫어진다. B선생님이 준 자료로 1단원 수업은 잘 넘겼는데, 정신없이 살다 보니

내가 2단원 자료를 미리 만들지 못했다. 2단원 자료도 B선생님이 또 올려주었다. 하지만 그거 한 번 더 했다고 말투나 태도가 곱지 않은 B선생님이 고맙게 생각되지만은 않는다. B선생님은 작년에 도 이 학교에 있었으니 나보다는 형편이 더 나은 것이 아닌가? 내가 바쁘고 힘드니 이 정도는 이해해 주었으면 좋겠다. 3단원은 원래 본인 차례이니 B선생님이 자료를 또 올리겠지?

B교사 : 3단원을 가르칠 시기가 되었는데도 A선생님이 자료를 올리시 않았다. 만나서 이야기하는 것이 불편할 것 같아서, 오늘은 메시지를 보냈다. 이제 우리 학교에도 어느 정도 익숙해진 것 같으니 자료는 각자 만들어서 가르치자고! 그런데 세상에 이럴 수가! A선생님이 내가 있는 교무실로 와서 큰소리로 따지는 것이 아닌가! "자료도 공유하지 않으려고 하는 사람"이라느니, "내가 새로운 학교에 왔는데 배려하는 마음이 부족하다"라느니 하는 말을 들었다. 다른 선생님들 보기 창피하다. A선생님과 1년 동안은 계속 동 교과를 담당해야 하는데 걱정이다.

이후에 A교사와 B교사는 어떻게 행동했을까요?
무엇보다 B교사는 A교사에게 자신이 만든 수업 자료를 계속 제공할까요?

흡혈박쥐 이야기에서 찾은 해답은?

일단 선생님들의 상황을 마무리 짓고 흡혈박쥐 이야기를 하는 게 좋을 것 같습니다. 흡혈박쥐의 사례를 우리에게 바로 연결하는 것은 무리한 일이지만, A교사가 받는 것을 당연히 여기고 자기 자신의 수업 자료를 B교사에게 제공하지 않는다면, B교사도 더 이상 자신의 수업 자료를 제공하지 않을 것이라 예상할 수 있습니다.

두 상황 다 조금씩 이해는 가지만, 갑자기 궁금해집니다. 조건을 붙이지 않고 서로 도와주는 경우는 없을까요? 동물 중에도 자기에게 이득과 상관없이 동료를 도와주는 흡혈박쥐의 경우도 있다고 하잖아요.

흡혈박쥐는 동물의 피를 빨아먹고 사는데, 운이 없어서 며칠 동안 피를 구하지 못하면 굶어 죽는다고 합니다. 그런데 이 박쥐들은 사냥에 실패해서 피를 섭취하지 못하는 동료 흡혈박쥐에게 피를 넉넉히 섭취한 흡혈박쥐가 피를 게워내서 굶주린 박쥐에게 피를 공급해 주는 것과 같은 상부상조의 모습을 보인다고 합니다.

흡혈박쥐 같은 동물의 경우를 우리 상황과 대비할 수는 없지만, 우리도 특별한 조건 없이 동료를 도와주기도 합니다. 우선은 흡혈박쥐 이야기를 계속 이어가 보겠습니다.

흡혈박쥐에 관해 연구한 월킨슨(Wilkinson)박사는 관찰 결과, 흡혈박쥐 간 피를 공유해서 도와주는 경우는 친인척관계인 경우가 많았다는 것을 알았다고 합니다. 그런데 이 설명만으로 충분하지 않은 것이 친인척관계가 아닌 외부 유입 이민자 박쥐들에게도 똑같이 피를 나누어 주는 경우를 발견했는데, 흡혈박쥐가 어떤 이민자 박쥐에게 피를 나누어 주었을까요?

월킨슨 박사는 A박쥐가 B라는 박쥐에게 피를 게워내서 나눠준 적이 있으면, 이후 A가 굶을 때 B로부터 도움을 받을 확률이 높다는 것을 발견했다고 합니다.[1] 이 결과를 보면, 흡혈박쥐들 사이에서 관찰할 수 있는 헌신적인 행위는 무조건적이거나 대가 없는 행동이 아니라 "상대가 나를 도와준 적이 있는 경우에만 상대를 도울 용의가 있다"라는 원칙 아래에 이루어지고 있는 셈입니다.

진짜 이기적인 교사

사익 대 공익

　현대 사회는 '조직 보다 개인의 행복'을 우선시 하고 있습니다. 그게 나쁜 건 아닙니다. 내가 행복해야 조직에서도 행복한 마음으로 지낼 수 있으니까요. 우리 주변에는 조금씩 양보하면 다수가 행복해질 수 있을 것 같은 문제가 한 사람의 이기적인 행동 때문에 오히려 다수가 불행해지는 문제로 번지게 되는 일들이 많습니다. 다수가 불행해지지 않았다면 아마 어떤 한 사람이 불행해 하고 있을지도 모르죠. 다음은 교육과정 운영에서 '한 사람' 또는 '우리 집단'의 이익 때문에 다른 사람을 힘들게 하는 사례를 소개해 보도록 하겠습니다.

BLACK DOG[2]

저(底)경력 교사이지만 소수교과 교사라 교과부장의 입장으로 학교교육과정협의회에 참석하고 있는 A교사는 회의에 참석하긴 하지만 자신의 의견을 제대로 말할 수가 없다. 주장이 강한 다른 교과부장들이 의견을 내면 아무리 의견을 내도 그다지 힘이 없고, 여기에 반대라도 할라치면 이기적인 교과로 내몰리기 쉽다. 얼마 전 연계자유학년제에서 주제선택활동과 진로탐색활동, 예술체육활동 중 하나를 담당할 교과를 정하는 회의가 있었다. 특히 3학년에서 시수가 적은 교과 중 하나가 주제선택활동을 담당해주어야 하는데, 0.1의 수업시수까지 따져 보지만 수업시수가 작은 교과가 소수점까지 동일한 경우, 그 신경전은 정말 대단하다. 여기서 기싸움과 논리에서 지지 않아야 한다. 우리 교과의 한 해가 편해질지 아닐지는 이 협의회에서 결정되기 때문이다.

나와 동 교과를 가르치고 있는 B교사는 수업시수를 나눌 때 한 학년만 담당하겠다고 고집을 피운다. 한 학년을 담당하게 되면, 3시간씩 15시간을 담당하게 된다. 여기에 같은 학년 진로수업 1시간을 더하면 일주일에 수업을 16시간 들어가게 된다. 그렇게 되면 나는 두 학년에 걸쳐서 수업을 하게 될 뿐만 아니라, 18시간을 해야 한다. 경력도 비슷하고 나이도 비슷하다. 두 학년을 가르치게 되면, 시험도 두 번 출제해야 하고 교재연구와 수업 연구도 두 배로 해야 한다. 단순하게 시간으로만 따질 일은 아니다. 내가 작년에 먼

진짜 이기적인 교사

저 양보했지만, 여전히 여러 가지 이유가 있다. B교사와는 벽에 대고 대화를 하는 것처럼 말이 통하지는 않는다. 나는 올해도 작년처럼 주당 18시간 수업을 두 학년에 걸쳐서 들어가야 할까? B교사를 설득할 수 있는 다른 좋은 방법이 없을까?

이기적으로 행동하는 교사 앞에서는 동료 교사든 교장이든 속수무책입니다. 본인 외의 사람들은 모두 그 사람이 이기적이라는 사실을 알지만, 정작 본인은 법적으로 아무 문제가 없으며, 본인의 권리를 행사하고 있다고 생각합니다. 자기주장을 할 때 '예의', '배려', '소통'이란 단어는 찾아보기 어렵고 자기주장이 관철될 때까지 멈추지 않는 모습을 볼 수 있습니다. 논리가 통하지 않을 때는 감성에 호소하여 상대편을 나쁜 사람으로 몰아가기도 합니다. 이런 상황에서는 공평하게 해결해 보려고 이야기한 사람은 상처를 받기도 한답니다.

그래도 주변에 다른 선생님들이 듣고 있는데, 자기주장만 내세울 수 없는 건 아닐까요?

아마도 학교 분위기에 따라 다를 수도 있겠지요. 그러나 학교에서 큰소리가 나더라도 대다수 사람은 자신의 일이 아니면 모르는 척 하거나, 외면하려는 경향이 있습니다. 또한 구태여 어느 쪽 편을 들어 적을 만들고 싶어 하지 않습니다. 결론이 나면 '어떤 선생님이 양보했구나', '어떤 선생님은 정말 입담이 세니 부딪치지 않아야겠다' 정도의 판단을 할 뿐입니다. 드물게 합리적인 제안을 옆에서 해주더라도 주장이 센 사람이 다른 논리를 내세워 받아들이지 않으면 잘 수용되지 않는 게 현실입니다.

그러면 학교의 최고 어른인 교장 선생님이 한마디 하실 수 있는 것 아닐까요?

맞습니다. 어떤 문제에 대해서는 학교의 어른이라고 할 수 있는 교장이 설득하거나 중재하거나 소위 가르마(옳고 그름에 대한 판단)를 타 줄 수도 있겠지요. 하지만 교장은 조직 내 모든 구성원들의 요구와 입장을 총체적으로 고려해야 해서 일의 옳고 그름에 따라서만 어느 한쪽 입장을 들어주기도 쉽지 않습니다. 어느 쪽 하나가 이해의 손길을 먼저 내밀지 않으면 공동체는 작은 문제일지라도 사분오열될 수 있습니다.

진짜 이기적인 교사

우물 안 개구리

가르치는 일의 가장 일반적 상태는 전문적 고립, 즉 동료교사들과 떨어져서 혼자 일하는 것입니다. 이러한 고립 상태는 학교현장에서 종종 목격됩니다. 그렇다면 왜 이런 현상이 일어나는 것일까요? 다음 몇 가지 사례를 통해 고립 상태의 구체적 모습과 그 이유에 대해 살펴보도록 하지요.

교실에 고립된 교사들

초등학교에 근무하는 A교사는 출근해서 대부분 시간을 교실에서 아이들과 보내고 있다. 초임시절부터 지금까지 주로 학교업무(학습지도, 생활지도, 분장사무 등)를 혼자서 처리하였고, 동료 교사와 상의하거나 학년 공동문제를 협력하여 처리해 본 경험은 그리 많지 않다. 자신의 반 학생들과 관련된 문제에 주변 동료교사들이 개입하는 것도 왠지 불편하게 느껴졌고, 어느 순간부터 자신만의 교실에서 누구의 간섭도 받지 않고 자율적인 시간을 보내는 것에 익숙해져 갔다.

중학교에 근무하는 B교사는 1학기 OO교과수업을 두 명의 동료교사들과 함께 진행하게 되었다. 하지만 학기 초 동료들과 합의한 내용과 달리 B교사는 자신만의 수업방식을 줄곧 고집하였고, 주변 동료가 제작하여 제공한 수업(평가)자료 등도 거의 활용하지 않는다.

고등학교에 근무하는 C교사는 교육연구부에서 동료교사와 학부모 대상 수업공개를 실시한다고 수차례 안내하였음에도 특별한 이유 없이 수업공개에 참여하지 않았다. 교장이 교내 수업장학 차원에서 사전 양해를 구하고 수업참관을 실시하려고 하였으나, C교사가 불편한 감정을 드러내 수업참관도 예정대로 이루어지지 못했다. 결국 교장과도 서먹서먹한 관계가 되었다.

A교사에게 교실은 고립의 공간이며, 교실 공간 속에 들어선다는 것은 모든 문제를 혼자서 판단하고 해결해야 한다는 일종의 무한 책임을 의미합니다. 이런 고립 상황은 교사들이 교실에서 자신의 자율적 행위를 보호해준다고 생각할 수도 있겠지만, 그것은 자칫 교사들이 현명하고 효

과적인 판단을 하도록 도와주는 가치 있는 피드백을 차단할 수도 있다는 점에 각별히 유의해야 합니다.

B교사에게도 자신의 교수법과 수업내용 관련해선 고립의 영역이며, 더욱더 독립적이라고 느끼는 부분일 것입니다. C교사의 경우도 자신의 수업을 누군가에게 공개하는 것을 꺼리는 교직사회의 일반적 현상에서 비롯되었다고 볼 수 있습니다. 실제 교직문화에서는 서로 친한 관계일지라도 자신의 일을 드러내 보이거나 동료와 상의를 하지 않으려고 한다는 것이지요.[3] 이처럼 교사들은 자신의 교육활동에 대한 나름의 경계를 분명하게 유지하려고 합니다. 학년별, 교과별로 협의되어야 할 사항인 진도나 출제 범위 등에 대한 최소한의 논의, 동료장학이나 수업공개 등을 통한 자신의 교육활동에 관련된 부분적 조언 등을 제외하고는 자신의 교육활동에 대한 주변의 다양한 간섭 행위를 철저하게 꺼리는 성향을 갖고 있습니다.

네모의 꿈

자신의 교수법과 관련해 동료교사의 조력을 구하지 않는 이유 중에 하나는 도움을 구하는 측이 실패자로 낙인찍히는 학교문화의 탓으로도 볼 수 있습니다. 이로 인해 교사 간 상호 협력도 불가능하게 됩니다.[4]

이러한 교사의 고립현상은 학교의 생태학적 환경도 한몫을 차지하는데요. 학교가 분산되어 있는 모습은 마치 세포가 분산된 모습과 같은 구조를 가집니다. 즉 세포가 그 자체로 자급자족하는 것과 같이 교사 개개인은 학교생활을 통하여 다른 사람과 접촉 없이 고립되어 대부분의 일과를 보내는데도 전혀 불편함을 느끼지 못합니다. 소위 "달걀 상자 모양의 세포적 학교구조"는 교사를 동료로부터 차단하고 업무에 대하여 동료교사와 만나거나 이야기할 기회를 줄어들게 합니다. 이러한 고립된 학교구조는 교사들에게 자율성을 확보해줄 지는 몰라도 모든 문제와 딜레마 상황을 자신의 경험에 비추어 혼자서 해결할 수밖에 없다는 근본적인 문제가 있습니다.[5]

　　나만의 공간으로서 교실이 갖는 영토성에 대한 논의도 있습니다. 즉 자신의 일차적 영토로 인식되는 교실은 공간에 대한 소유감과 주어진 공간을 방어하려는 의지를 포함하는 행동을 낳게 된다는 것이지요.[6] 이러한 학교의 물리적 구조로 인해 이기주의적 행동이 나타나고 상호 불간섭의 문화가 가능하게 됩니다. 이러한 대표적인 모습이 교장의 교실 순회인데요. 교장의 교내 수업장학을 위한 교실 순회나 수업참관은 법적으로 보장되어 있는 권한이지만, 교직의 불간섭 문화가 지배적으로 작용하고 있어서 교실에 들어서는 교장도 미안한 마음을 갖고 수업하는 교사도 다소 불쾌감을 갖게 되는 경향이 있습니다.[7]

진짜 이기적인 교사

눈치 9단

선생님들이 가르치면서 경험하는 심리적 특징 중 하나는 불확실성입니다. 선생님들은 교육활동을 통해 학생들에게 어떤 긍정적 변화를 일으켰는지 바로 알아내기가 무척 힘들지요. 이런 불확실성은 성과를 정확히 양적으로 설명할 수 없다는 특성과 복잡성, 오랜 시간이 지난 후에야 지도의 성과가 나타나는 특성, 가족·동료·사회 영향력 등에 기인한다고 볼 수 있습니다.[8] 교육적 성과는 정확히 예측하기가 어렵지요. 이러한 불확실성 때문에 교사들은 현명하면서도 근거가 충분한 판단의 과정을 요구받기도 합니다. 이로 인해 교사직을 더욱 흥미 있고 변화 가능하며 도전적인 일로 만들기도 하지요. 그러나 고립된 상황에서 교사 혼자서 맞이해야 하는 불확실성은 개인의 건강을 지나치게 해칠 정도로까지 확대되기도 합니다.[9] 즉 고립된 교사들은 피드백, 조언, 혹은 지원 없이 스스로 모든 불확실성에 따른 복잡한 학교나 교실문제를 해결해야 하기 때문입니다. 최근 코로나19 상황 속 온라인 원격수업을 둘러싼 학교현장의 모습을 그 예로 들 수 있습니다.

코로나19와 불확실성

2020년 사상 초유의 코로나19로 인해 4월 16일에서야 학교가 문을 열었습니다. 물론 학기가 시작되고 교사들은 학교에 출근해 업무를 시작했지만, 학생들은 없었습니다. 학생들이 등교하는 진짜 수업은 4월 16일에 시작되었는데 그것도 입시가 급한 고3만 등교하였습니다. 나머지 학년은 원격수업을 진행하다가 고2가 5월 중순에, 고1은 6월 초에 그것도 1, 2학년 격주로 등교하는 방식으로 이루어졌습니다. 대면수업이 아니다보니 학교는 향후 원격수업을 이끌어 갈 기본적인 온라인 플랫폼을 결정해야 했고, 비대면으로 실시간 수업을 하기 위한 다양한 연수와 실제 수업에 적용하는 훈련과 고민을 하는 와중에 아직 얼굴도 보지 못한 학생들과 소통을 시작해야 했습니다. 실제 많은 학교에서는 '원격수업을 위한 플랫폼은 무엇으로 하고, 교과방과 학급방 중 어느 쪽을 선택할 것인가', '온라인 수업 형태를 어떻게 결정할 것인가', '원격수업 시 수업시간과 출결처리를 어떻게 할까' 등을 둘러싸고 학교 구성원 간의 치열한 논의가 이루어졌습니다. 매일 아침 온라인클래스나 줌에 접속한 학생들과 미처 접속하지 못한 학생들을 파악해 전화 상담 및 수업을 병행해야 하는 교무실은 마치 콜센터를 방불게 했

고, 언제 끝이 날지 알 수 없는 코로나시대의 불확실성 속에서 교
사의 존재 이유와 역할에 대한 고민은 더욱 깊어지고 있었습니다.

실제 교직의 불확실성과 코로나19라는 시대적 혼란의 상황이 결합되
면서 학교현장의 교사들은 혼란의 연속이었습니다. 2020년 4월 온라인
개학으로 수업방식을 결정하면서 학교는 각 교육주체들의 협의를 통해
의사를 결정할 수 있는 권한을 부여받았고, 이러한 상황은 교사로서 자
신의 전문성을 발휘하여 담당과목이나 학급의 특성에 맞는 수업을 설계
할 수 있는 기회이기도 하였습니다. 당시 교육부는 각급 학교에 실시간
쌍방향 수업, 단방향(온라인 콘텐츠 활용 중심)수업, 과제 수행 중심 수업,
그 밖에 교육감·교장이 인정하는 수업 형태 등을 안내하였습니다.

자율성 축소, 눈치 보는 교사들

이러한 톱다운(top-down) 방식의 교직문화와 불확실성 속에서 교사
들은 자신들의 전문성과 자율성을 보장받기보다는 오히려 축소시켰습
니다. 예컨대, 학교 구성원들이 수업 형태를 논의하는 과정에서 다수가
쌍방향보다는 단방향이 좋겠다고 의견이 모아지면 일부 교사나 특정 학
년이 쌍방향이나 다른 방식으로 수업을 진행할 수 없는 분위기가 형성
되기도 하였습니다. 그 이유는 다른 학년이나 매체에 익숙하지 않은 교
사들이 적극적인 교사나 다른 방식을 제안하는 학년과 교사에게 '튄다'
는 불만과 이의를 제기했기 때문입니다. 그 결과, 적극적인 교사가 자신

의 역량을 잘 발휘할 수 있도록 독려하는 것이 아니라, 오히려 적극적으로 하려는 교사가 다른 교사들의 눈치를 보며 의욕이 꺾이는 현상까지 벌어지기도 하였습니다.[10] 급기야 일부 교사는 교육청이나 교장이 수업 형태나 방법을 일제히 정해서 알려주는 것이 자율적인 것보다 편하다는 이야기를 하는 사람이 많아지기도 했지요.

불안한 교사

흔히 사람은 외롭고 불확실한 상황에 처하면 불안해지기 마련입니다. 교사의 불안도 고립과 불확실성 문제에서 비롯되었다고 볼 수 있습니다. 다음 사례는 학교 현장에서의 교사 불안 상황을 보여주고 있습니다.

우리 선생님들이 힘들어요!

초등학교에 근무하는 A교사는 올해 다른 지역에서 전입해 왔고, 이전에는 5, 6학년만 담당하다가 새로 온 학교에서 2학년 담임을 맡게 되면서 교과학습과 담임 운영 등에서 어려움을 겪고 있다. 새롭고 낯선 학교 환경도 그렇고, 같은 학년에서도 최소한의 필요한 내용만 전달할 뿐 대부분의 내용은 자신이 스스로 해결해 나가야 하는 상황이 버겁기만 하다. 새로 전입해 오다 보니 친한 동료교사들이 없어서 궁금한 것을 물어볼 곳도 없고 학부모 민원이 들어와도 주변 도움 없이 혼자서 대응해야 하는 상황이 힘들기만 하다. 가끔 외롭고 힘들 때마다 이전에 근무했던 교사들과 전화통화를 하는 것이 유일한 위안이다. A교사는 거의 모든 문제들을 주로 혼자 이겨나가는 우울한 학교생활을 하고 있으며, 교사로서의 자존감도 많이 떨어지고 있다.

중학교에 근무하는 B교사는 학기 초에 나름 열정을 가지고 교과 및 평가활동을 계획하였다. 하지만 주변 동료 교사들은 종전대로 하면 되지 뭘 그렇게 어렵게 배움중심수업과 토론평가를 시행하려고 하느냐며, "너무 튀고, 잘난 척한다"는 식으로 험담하듯 말하는 소리를 주변에서 우연히 듣게 되어 B교사는 마음에 큰 상처를 받게 되었다.

고등학교 3학년 담임교사인 C교사는 예체능계 진로를 선택하는 학생들이 많은 학급을 맡게 되었다. 이 학급은 모든 과목의 시험 성적이 다른 학급보다 평균 20점 이상 낮게 나오고 출결 상황이나 생활태도 측면에서도 문제가 많아서 어려움을 겪고 있다. 담임교사의 문제가 아님에도 불구하고 교장선생님이나 동료교사들은 학력수준이 낮은 문제를 계속해서 지적하고 있다. C교사는 다른 학급과 비교하여 자신을 평가하려는 느낌을 받을 때 심리적으로 불안함을 느끼곤 한다.

A교사가 느끼는 심리적 불안은 무엇보다 새로 전입해 온 학교에서 느끼는 낯설고 외로움입니다. 이와 함께 교실이라는 고립된 공간에서 스스로 문제를 해결해야 하는 상황, 새로운 학년을 담당하게 됨에 따라 느끼는 불확실성의 문제 등이 종합적으로 반영된 결과이기도 합니다. 혼자 교실에 고립되어 우물 안 개구리로 생각하게 되고 새로운 업무에 따른 스트레스와 탈진 등으로 자괴감에 빠져 자존감이 떨어지는데, 무엇보다도 주변 동료들로부터 따뜻한 위로나 조언 등을 받기 어려운 학교 현실이 안타까울 따름입니다.

B교사는 기존 학교문화에 익숙해 소극적으로 현 상황을 유지만 하려는 교사들이 스스로 전문성을 갖고 적극적으로 교육활동에 참여하려는 교사에게 거침없이 상처가 될 수 있는 말을 내 뱉거나 비난함으로써 그들의 자존감을 떨어뜨리는 모습을 보여주고 있고, C교사의 경우엔 자신의 잘못이나 원인이 아님에도 불구하고 어쩔 수 없이 다른 학급과 비교해서 평가받아야 하는 학교 현장의 경쟁문화 등으로 인해 겪게 되는 심리적 불안 현상을 보여주고 있습니다.

결국 학교라는 곳이 구성원 간의 따뜻한 위로와 조언, 존중과 배려의 문화가 작동하는 인간적 삶의 공간이 되어야 함에도 불구하고 교실의 고립과 새로운 환경이 가져오는 불확실성 문제, 경쟁적이고 비교하는 학교문화 등으로 인해 교사의 자존감을 떨어뜨리며 심리적 불안 현상을 가져오고 있다고 볼 수 있습니다.

나만 그래?

    학교 현장에서 협력을 저해하는 요인에 관해 질문하면, 가장 대표적 요인으로 '교사의 이기주의'를 뽑고 있습니다. 여기서 잠깐! 주변 사람들에게 '당신은 이기적인 사람입니까?'라고 물어보면 아마도 거의 모든 사람이 '그렇지 않다'라고 답할 것입니다. 그런데 질문을 바꾸어서 '당신은 개인적인 사람입니까?'라고 묻는다면, 다소 인정하는 사람들이 늘어날 것입니다. 많은 사람이 '나는 이기적인 것은 아니지만, 개인주의 성향을 가지고 있다'라고 스스로 답변할 것입니다. 그 이유는 개인주의와 이기주의의 의미 차이와 두 용어가 주는 미묘한 어감의 차이에 있을 것입니다. 이기주의는 자신의 이익을 무엇보다 중요시 여기고 때로는 자기의 이익을 위해 다른 사람의 희생까지 정당화시키는 것을 말합니다. 반면 개인주의는 자신의 이해관계에 초점을 두고, 안락한 생활, 기쁨, 사회적 인정과 같은 개인적 존재와 가치를 더 중요시 여기는 것을 말합니다.

진짜 이기적인 교사

개인의 독립성과 자율성 측면에서 개인주의는 중요한 역할을 해온 것도 사실입니다.

그러나 개인주의는 개인이 사회경제적으로 자신의 이익만을 추구하고 사회의 이익을 염두에 두지 않는 극단적 태도를 보이는 이기주의와 같게 인식되기도 합니다. 지나친 개인의 행복 추구와 과한 독립성, 자율성에 대한 요구는 이기주의로 인식될 수 있습니다.[11]

다음 사례는 자기의 이익을 위해 다른 교사의 희생은 아랑곳하지 않는 교사 이기주의 특성의 단면을 보여주고 있습니다.

난감한 C교사

우리 학교에선 학생생활지도 시간과 구역을 전교사들에게 나눌 때면 어김없이 몇 명이 전화를 걸어온다. A교사도 그 중 한 명이다. '아침은 어렵다. 어느 요일만 된다. 어느 구역은 좀 빼 달라' 등등 요구사항이 많다. 다른 사람은 안 그러는데 꼭 요구사항이 있는 사람들이 정해져 있다. 어떤 구역도 담당하기 싫어하는 곳은 항상 있게 마련이다. A교사는 자기는 하지 않아야 되고, 다른 사람은 해도 된다고 생각하는 것일까? 만약 요구사항을 안 들어주면 입담이 센 몇 선생님을 중심으로 나(C교사)는 우리 학교에서 두고두고 욕을 먹고 살아야 할 것만 같다. 부장님께 이것저것 요구가 많은 선생님들 때문에 전교사 학생생활지도를 짜기 어렵다고 말씀드렸지만, 부장님도 해결해 주거나 나서려고 하지 않는 것 같다.

나는 어디에 호소를 해야 할까?

B교사는 허리디스크 증상과 눈 수술로 인한 후유증으로 오랫동안 집중해서 업무를 처리하기 힘들다는 이유로 비담임을 희망했으나 학교 사정에 의해 담임에 배정 되었다.

그런데 이상하다. B교사는 보충수업도 멀쩡하게 하고 오후에 늦게까지 남아서 초과근무도 한다. 아마 한 달 보충수업비와 만땅(?)으로 채우는 초과근무 수당을 합치면 금액이 상당할 것 같다. 나(C교사)는 B교사의 부담임인데, 일주일에 두 번 정도 종례에 들어가고 있다. 그 반 아이들도 무슨 일이 있으면 나를 찾아온다. 내가 담임인지 부담임인지 어떤 날은 헷갈릴 정도이다. B교사의 조퇴 이유는 허리디스크와 안과 진료 때문이라고 들었다. 6교시까지만 하는 날에 종례 다 끝내고 가도 병원 진료를 받을 수 있을 것 같은데 그렇게 하지 않고, 꼭 7교시까지 있는 날이나 금요일에 오후 수업과 종례를 빼고 조퇴를 한다. 6교시까지 있는 날은 보충수업이 있기 때문이다. 아픈 사람에게 치료받으러 가지 말라고 할 수도 없고, 자기 이익만 챙기려고 하는 모습이 보이는 건 내가 나쁜 사람이기 때문인 걸까?

C선생님은 학교에서 업무적으로도 개인적으로도 좀 힘들었겠다는 생각이 듭니다. 학교에 A선생님이나 B선생님과 같은 사례가 많이 있지는 않나요?

진짜 이기적인 교사

위 사례들은 좀 극단적인 단면을 보여주고 있지만, 교사라면 '아이들을 사랑해야 한다', '교직에 대한 사명감으로 일해야 한다', '교직은 천직이다' 등등의 것은 사회가 요구하는 교사상에 불과한 것 같습니다. 나의 개인적 이익과 권리를 조금이라도 침해받았다고 생각하는 교사의 눈에는 더는 공동체의 고통이나 다른 교사의 권리는 보이지 않습니다. 여기에는 '저항'과 '방어'만 남게 됩니다.

교사들 사이에서는 '2월 한 달만 철판처럼 얼굴 붉히면 1년이 편하다'는 농담 섞인 격언이 있죠. 이 때문에 많은 학교에선 매년 학기 초 업무분장과 담임 배정의 시기만 되면 치열한 눈치 싸움이 마치 전쟁터를 방불케 하지요. 학교에 따라 다소 차이가 있겠지만 교사들이 교장(감)실 문턱이 닳을 정도로 오가며 눈물 바람을 하는 날이 많다는 소문이 파다합니다. 업무분장과 담임 배정은 현재 근무하는 학교에 근무하는 기간, 작년의 업무, 과거의 경력 등 다양한 변수가 작용합니다. 그런 가운데 교사들 사이도 평소 친근했던 관계였더라도 이때엔 다소 어색하고 냉랭한 관계로 변하기도 합니다. 서로 원치 않는 업무를 사이에 두고 말입니다.

앞에서 본 사례처럼 교사의 이기주의는 힘들고 부담되는 일을 가능한 피하려는 '회피 현상'과 힘들고 부담되는 업무 또는 일을 거부하며 그 업무를 동료에게 떠맡기려는 '책임 전가 현상', 동료 교사의 결정 또는 학교의 결정에 구애받지 않고 행동하는 '방종 현상', '자기 이익 추구 현상', '공동체 위협 현상'까지 학교에서 나타나게 됩니다.

제2장 이기적 교사, 협력하지 않는 학교

그냥 하던 대로 해!

뉴턴의 운동법칙 중 제1법칙을 알고 있나요? 바로 관성의 법칙이지요. 관성의 법칙은 외부에서 힘이 가해지지 않는 한 모든 물체는 자기의 상태를 그대로 유지하려고 하는 것을 말합니다. 달리던 버스가 급정거하면 버스에 탄 승객들이 앞으로 넘어지는 것과 같은 것입니다. 이런 관성의 법칙처럼 학교에서도 특별한 외부 압력이 없으면 하던 대로 그대로 하려고 하는 관습이 존재하는 것 같습니다. 새로운 교육과정이나 새로운 정책, 새로운 회의 방식 등 학교에서는 새로운 것을 받아들이기는 쉽지 않은 것 같습니다. 기존에 그 학교에 있던 기득권을 가지고 있는 사람들에 의해 딴죽 걸지 말고 기존에 하던 대로 할 것을 암묵적으로 강요받고 있는 것은 아닐까요?

새로운 변화 시도는 누구의 몫일까?

우리 학교의 교육과정계획은 항상 변화가 없다. 매해 같은 시기에 같은 프로그램으로 교육과정계획이 채워진다. 무엇이든 하던 대로 하는 것이 가장 안전하다고 생각하기 때문이다. 재미있고 의미 있는 활동을 논의해 보려고 해도 "작년에는 이렇게 했는데…", "우리 학교는 이렇게 해왔어요"라며 새로운 시도는 생각도 안 한다.

얼마 전에 있었던 일이다. 교무부장인 나는 2학기 시작 전 학교교육과정협의회를 소집했다. 새로 발표된 경기도교육과정에는 교과별로 시수를 감축하여 학교별 주체적 교육과정을 실현할 수 있는 학교자율과정을 편성할 수 있도록 하였다. 각 교과에서 교육과정을 재구성하고 시수를 감축하여 일정한 시간을 확보해 주어야 학교자율과정을 편성할 수 있기 때문이다. 이번 교육과정협의회에서는 2학기를 운영하기 전 어떤 교과가 몇 시간을 감축할 수 있는지와 학교자율과정을 어떤 형태로 운영할 것인지가 가장 중요한 안건이었다. 어느 정도 예상은 하고 있었지만, 대다수가 교육과정의 변화를 주려고 하지 않았다. "2학기라 진도 나가기 바쁘다", "다른 학교가 어떻게 하는지 보고 시작하자", "학기 말에는 어차피 꿈끼탐색 주간이 있는데, 또 다른 프로그램을 운영할 필요가 없다" 등 교과부장들의 의견이 '하던 대로 교육과정을 그냥 운영하자'로 모아졌다. 주제중심으로 새롭고 재미있게 교육과정 프로그램 운영을 시도해 보고자 했던 나는 변화하지 않으려는 선생님들의 모습에 실망감만 남았다.

앞의 사례에서 볼 수 있듯이 학교에서 새로운 교육과정을 받아들이는 것은 매우 어렵습니다. 특히 교사들에게 '내 수업시간을 침범하는 것'은 있을 수 없는 일일 것입니다. 어떤 교사는 동아리 프로그램을 한번 구성해 놓으면 몇 년 동안 바꾸지 않으려 합니다. 중학교 1학년 자유학년제의 주제 선택 활동도 한번 어떤 방식이나 프로그램이 구성되면 좀처럼 바꾸려고 하지 않습니다. 새로운 프로그램을 도입하자고 하면 그 프로그램을 제안한 사람이 시작부터 끝까지 그 업무를 다 도맡아서 하겠다는 의지가 없다면 아마 누구도 동의하지 않을 것입니다.

보수주의는 좌절을 가져온다

교육 현장에서 보수주의는 교직을 정적이고 변화하지 않는 직업으로 만듭니다. 보수주의란 교사들이 다양한 업무 영역에서 기존의 방식을 고수하려고 하는 상태를 뜻하는데, 로티(Lortie)는 보수주의의 의미를 전문적, 제도적 관성이라고 보았으며 교직이 역동적이고 변화가 많은 직업이 되는 것을 저해하는 방해 요인이라고 이야기했습니다.[12] 이러한 보수주의는 새로운 방식으로 업무를 시도하고자 할 때 학교에서 빈번하게 나타나는 현상이기도 합니다.

그럼 교직에서 보수주의로 인한 좌절이 왜 나타나는지 생각해 볼까요?

첫째, 한 사람의 교사가 새로운 수업 방법이나 새로운 업무 제안을 하더라도 실현되기까지는 여러 단계를 거쳐야 하고 그 단계 중 '안전제일'

이라는 신념과 만나 이를 뛰어넘지 못하면 좌절되고 맙니다. '안전제일'이라는 신념은 학생의 보호자인 학부모의 '불만(소위 말하는 민원)'에서도 나타나고, 동료 교사 또는 교장(감)의 이해 부족과 지원 부족에서 나타나기도 합니다.

둘째, 교사 스스로 연구와 경험 부족으로 새로운 방식을 실현하지 못하고 좌절하기도 하지요. 이 좌절이 몇 번 반복되고 나면 교사들은 새로운 방식을 추구하기보다는 자기 검열에 빠지게 되고 '불만족한 순응'을 하게 됩니다.

셋째, 업무 중심, 행정 중심 조직 문화 속에서 이러한 보수주의가 나타납니다. 지나치게 많은 양의 교육과정과 업무는 교사들에게 해야 할 많은 것들을 요구하고 있습니다. 그러다 보니, 어떤 일들은 마치 제대로 한 것처럼 포장되기도 하고 하나의 일을 한 것이 갑자기 두 개나 세 개로 성과가 부풀려지기도 합니다. 이게 보수주의랑 무슨 연관이 있냐고요? 많은 양의 일을 그럴듯하게 다 해내려면 빨리 일을 해치워야 하기 때문이죠. 빨리 일을 해내는 방법은 새롭게 고민하지 말고 작년에 하던 방식 그대로 해야 하거든요. 교직에서 해야 하는 일의 절대적인 양이 줄어들지 않는 이상 보수주의는 학교 안에서 계속 존재할 것입니다.

슈퍼맨 콤플렉스

협력을 잘하고 싶은데, 왜 어려울까요? 우리가 학교에서 동료들과 협력을 잘하고 싶어도 요즘은 구조적으로 하기 힘든 것 같아요. 기술이 발전하고 사회가 복잡해지다 보니 교사에게 요구되는 책무는 더 강한 압력으로 작용하고 있지요. 코로나19를 겪으면서 그동안 교사들에게 요구되었던 역량 외에 새로운 기술 적용 및 활용이라는 과제를 만났습니다. 초등학교에서 기간제 교사를 구하다 보면, 대체로 명퇴하신 50대 중반 이후 분들이 많이 지원하시는데 첫 번째 조건이 온전한 비대면 수업입니다. 이처럼 새로운 기술의 등장은 교사에게 과도한 스트레스가 되었습니다. 수업 관련 스트레스라고 하면 그나마 다행이지요.

최근 교사의 책무성에 대한 이야기들이 많습니다. 교사의 책무성이 무엇일까요? 지금 미래교육에서 말하는 교사의 역할로 따져보면 대체로 학생들이 스스로 삶을 설계할 수 있는 주체적인 사람으로 성장하도록,

진짜 이기적인 교사

학생 각자가 가지고 있는 고유한 잠재능력이 최대한 발현하도록, 정서적으로 안전한 학교생활을 할 수 있도록 돕는 것이 되겠습니다. 그런데 실제로 이런 낭만적인 역할만 교사에게 요구될까요?

이제 학교는 교육기관이 아니라 보육기관이 되어가는 느낌입니다. 오후돌봄, 긴급돌봄, 방과후 다함께 꿈터 돌봄…. 최근 교육부에서는 저녁 7시까지 오후돌봄시간을 연장 운영한다고 발표를 했습니다. 이는 초등학교 뿐 아니라 중·고등학교도 마찬가지입니다. 수업을 파하고도 오후에 많은 수의 학생이 학교에 남아 있습니다. 코로나를 계기로 은근슬쩍 그동안 학교를 설득하기 힘들었던 여러 돌봄 정책들이 학교로 던져집니다. 이제 학부모들도 학교에서 잘 배운다기보다 안전하게 몇 시간을 책임져준다는 인식이 자리 잡아 가고 있는 것 같습니다. 선생님이 아이들을 잘 가르치는 것 보다 급식을 잘 먹이는지, 돌봄 후 집까지 안전하게 잘 보낼 수 있는 대책이 마련되어 있는지, 간식은 잘 준비되어 있는지 등에 더 관심이 많아 보입니다. 학년 초 2월부터 3월까지 학교에서 마주하는 민원도 거의 대부분 이런 것들입니다. 배움은 학원에서 해결하면 된다고 생각하는지, 아니면 학교 선생님들이 너무 잘 가르쳐서인지 별로 문제 제기를 하지 않습니다. 이러다가 앞으로 초등학교 교사의 자질은 잘 가르치는 사람이 아닌 잘 돌보는 사람이 되지 않을까 싶습니다. 교장(감)들은 돌봄에서 자꾸 민원을 받다보니 보니 이제는 아이들을 잘 돌보는 교사가 더 역량 있는 교사라는 착각이 든다고 합니다.

이처럼 학생에 대한 돌봄이 더욱 강조되고, 이 외에도 특수교육 대상 학생에 대한 통합교육, 응급조치 기술, 학습복지, 각종 행정업무 증가, 복잡해지고 다양해지는 학생들의 특성을 고려한 상담 및 생활지도 등에 대한 높아지는 요구, 각종 지침과 매뉴얼, 정량화된 개별 평가 등이 교사들에게 강한 압력으로 작용하고 있습니다.

죄의식과 완벽주의

요즘 교사들이 이런 생각을 할 수도 있겠다는 생각이 듭니다. '우리가 슈퍼맨도 아니고 그냥 대충하면 되지 않을까?' 그런데 전통적으로 다양하고 큰 기대들로 둘러싸여 다른 사람들에게 서비스를 해야 하는 직업에서는 죄의식과 완벽주의가 그 일의 일부가 되는 경향이 있습니다. 우리 교직도 그래 왔습니다.

초등학교 교실 수업이 모두 끝나고, 학생들도 다 귀가하고, 교실 정리도 마친 후 의자에 등을 기대어 잠깐 창문 밖 먼 산을 바라보고 있다고 가정해 볼까요. 마침 그때 교장선생님이 우연히 교실을 방문했는데 그 모습을 보았습니다. 설령 교장선생님이 아무 생각이 없음에도 혼자 괜히 죄의식에 사로잡혀 오만 가지 생각을 하다가, 결국 '뭐 처음이니 괜찮겠지' 하면서 스스로를 안심시킬 수도 있습니다. 그런데 다음에 또 같은 상황일 때 교장선생님이 교실을 방문했다고 하면, 우리 교사들은 왠지 죄책감 같은 것을 느끼는 성품이라는 것을 경험적으로 알고 있습니다. 누가 뭐라고 하지 않아도 퇴근 후에도 내일의 수업 걱정을 하는 게 우리 교사들의 성향입니다. 이처럼 다양하고 큰 기대로 둘러싸여 있는 우리 교사들은 잘해야 한다는 강박관념이 있고 그것을 잘하지 못했을 때 느끼는 죄책감이 다른 직종보다 큽니다.

이러한 성향은 기술의 발달과 일의 양 관계에서도 살펴볼 수 있습니다. 이전 업무관리시스템이 없었을 때 학교에서 공문을 수발하는 분이 일주일에 두세 번 교육청에 가서 공문을 찾아와 그 종이 공문을 분류해 담당자에게 나누어 주었지요. 그 당시 교사들은 적어도 공문을 찾아오기 전 며칠 동안은 행정적인 업무가 확인되지 않아 수업을 준비하거나 동료 교사들과 약간의 담소도 나눌 정도의 시간 여유가 있었습니다. 지금과 비교해보면 모든 게 참 느리게 진행되는 시간의 흐름 속에 살았던 시기였습니다. 그런데 이런 일하는 방식이 업무의 효율성을 떨어뜨린다는 생각이 들었나 봅니다. 그 느림의 불편함을 해결하기 위해 업무관리시스템이라는 것이 도입되었고, 더 이상 공문을 찾으러가고, 일일이 분류해 담당자에게 나눠주는 수고는 없어졌습니다. 업무관리시스템 도입은 기존의 불편함을 없애준 효율적인 시스템이지만, 교사가 이 시스템으로 인해 정말 편리해졌는지를 반문해 봅니다. 일하는 방식은 편리해졌지만, 이 시스템 개발로 더 많은 업무와 직면하고 있습니다. 이 시스템이 개발되기 이전의 일의 양만큼만 두고 이 편리한 시스템이 절약해 준 시간만큼 우리의 삶을 더 풍요롭게 하는데 지혜가 모아졌으면 어땠을까 생각해봅니다. 삶을 풍요롭게 한 것이 아니라, 절약된 시간만큼 더 많은 일을 만들어냈습니다. 이제는 쏟아지는 일보다 처리해야 할 시간이 절대적으로 부족해지고, 그래서 우리는 정작 가르치는 일보다 업무에 허덕이며 힘든 시간들을 보내게 되는 상황을 만나고 있습니다.

이처럼 교사에게 주어지는 과도한 압력과 이를 훌륭히 수행해내야 한다는 완벽주의, 그리고 이를 적절히 수행하지 못했을 때의 죄책감이 교사들의 협력을 어렵게 만듭니다. 교사들은 아프거나 가정에 무슨 일이 있어도 출근을 합니다. 내가 자리를 비우면 누군가에게 일이 전가되어 피해를 줄 수 있다는 미안함 때문입니다. 행여나 내가 학교에 나오지 않아서 비난을 받거나 나보다 더 아프거나 더 큰 가정의 행사가 있어도 나왔던 교사들과 비교당하기 싫기 때문입니다. 그리고 더 중요한 것은 나의 그 일이 없어지는 것이 아니라 그대로 남아 있어 엄청난 부담으로 남기 때문입니다.

이런 구조 속에 살아가는 교사들은 협력보다는 개인의 생존을 위해 집중하며 옆을 돌아볼 수 있는 마음의 여유를 가지지 못하게 합니다. 즉 협력할 마음의 여유와 시간을 갖지 못하는 교사는 자신의 역할만 잘하기 위해서 교실로 숨어버리고 자신의 일만 서둘러 완수하려고 합니다. 그래서 협력은 사라집니다.

이런 문제로 교사들의 협력이 방해된다면 이런 장애물들을 제거하려는 노력이 필요합니다. 이러한 노력은 교육청이나 학교에서 교수-학습 중심의 학교문화를 만들 수 있도록 지원하는 것도 중요하지만 교사 스스로 달성하기 어려운 높은 수준의 기대들을 부과하지는 않는지 성찰해 보아야 합니다. 그리고 현재의 구조가 바뀌지 않는다면 교사 스스로 금욕주의적이고 자기희생적인 관계가 아니라 책임을 서로 공유하고 일과 삶의 균형이 유지되도록 서로 정서적으로 도울 필요가 있습니다. 다음에 제시되는 어느 초등학교의 사례는 이러한 문제를 어떻게 극복하고 협력적인 관계를 만들 수 있는지를 잘 보여주고 있습니다.

초등학교의 경우 중등학교와는 달리 한 교사가 모든 과목을 가르치기 때문에 담임교사가 출근하지 못했을 때는 다른 교사가 보결수업을 하여야 한다. 그래서 이러한 부담 때문에 교사들은 일이 있어도 결근을 하지 못한다. 평일 낮에 이루어지는 어린이집 재롱잔치, 학부모 참여 공개수업, 자녀의 운동회 등은 꿈도 꾸지 못하고 심지어 자녀의 입학식, 졸업식에도 참여 못하는 경우도 있다. 그리고 다른 사람을 대신해 보결수업을 해야 하는 교사도 썩 내켜하지 않는다. 그래서 많이 아프거나, 가정의 일로 조퇴나 연가가 많은 동료는 따가운 눈총을 받아야 했다. 이전의 많은 선배 교사들이 그리 살았고, 가족돌봄 휴가가 공식적으로 인정되는 현재도 이러한 문화는 일면 존재한다.

이러한 문제를 해결하는데 단 하나의 동의만 있으면 된다. 누군가 연가, 병가, 조퇴를 할 때 보결수업을 아무런 조건 없이 즐거운 마음으로 도와주려는 서로 간의 신뢰이다. 횟수의 차이는 있을 수 있지만 누구나 다른 사람에게 민폐를 끼쳐야 하는 상황이 발생하는 것은 나를 포함한 모두의 문제이다. 이러한 신뢰에 의한 합의만 되어 있다면 교사들은 누구나 개인 신상에 문제가 있을 때 연가

제2장 이기적 교사, 협력하지 않는 학교

나 가족돌봄 휴가를 맘 편히 사용할 수 있다. 나의 동료가 대신해 줄 것이라는 든든한 믿음과 함께.

교사의 완벽주의는 때로는 다른 사람의 성공에 대한 열등감으로 이어져 본인의 삶뿐만 아니라 공동체의 협력을 더욱 힘들게 할 수도 있습니다. 상대방이 거둔 성공에 배가 아프고 이러한 생각들이 자꾸 쌓이면 내것을 공유하지 않게 되지요. 즉 Win-Win 전략을 포기하게 만듭니다.

진짜 이기적인 교사

사촌이 땅을 사면
배가 아프다

　다른 사람이 나보다 성공하면 배가 아픈가요? 2019 발롱도르상을 뽑을 당시 후보인 손흥민 선수에게 정작 아시아 각국 기자들은 한 명도 투표하지 않았다는 뉴스 보도를 보았습니다. 이러한 행위의 속마음은 무엇일까요? 그동안 유럽이나 남미의 전유물이라 여겨졌던 발롱도르상 수상자가 아시아권에서 나오게 된다면 그들도 같은 아시아인으로서의 자부심을 느끼지 않을까 생각했습니다. 하지만 이러한 낭만적 기대가 참으로 어리석었다는 것을 깨닫게 되었지요.

　그러면 우리는 이러한 아시아 기자들의 행위를 비판할 수 있을까요? 만약 우리가 그 기자 중에 한 명 이었다면 어떤 선택을 했을까요? 사촌이 땅을 사면 배가 아프다는 속담처럼 우리 마음속에 주변에 누가 잘되는 꼴을 보고 싶지 않은 심리는 정도의 차이만 있지 누구에게나 조금씩 있다고 봅니다. 그럼 이러한 심리가 작용하는 까닭은 무엇일까요?

질투와 분노는 협력을 어렵게 한다

사람들은 당장 눈에 보이는 비교 기준에 의존하는 경향이 있습니다. 이 기준은 보통 상대방이 거둔 성공이나 나보다 나은 조건들입니다. 이런 비교는 질투로 이어지게 마련입니다. 그리고 질투는 상대방이 거둔 성과를 어떻게든 깎아내리려는 시도로 이어지지요. 누군가를 시기하고 질투하면 반드시 그 사람과의 관계는 어려워집니다. 모두가 한번쯤은 경험해 봤을 것입니다. 그리고 거기에 적대감까지 갖게 되면 그 사람과의 관계는 결국 깨어집니다. 다음은 질투와 분노가 얼마나 교사들의 협력을 어렵게 하는지 보여주는 사례입니다.

○○특수목적고등학교에서 근무하던 A교사와 B교사가 있다. 둘은 친한 친구였는데, 그 중 A교사는 일처리가 빠르고 행정업무에 유능하여 학교에서 교무기획부장으로 6년 간 근무를 했다. 하지만 A교사는 다른 교사들과 사이가 좋지 않았고, 크고 작은 사건이 불거져 계속 근무하고 싶었지만 인근의 다른 학교로 전근을 가게 되었다.

학교에는 A교사를 대체할 만한 적임자로 인품이 좋은 B교사를 교무기획부장으로 임명했다. 그런데, B교사가 담당한 이후 갑자기 학부모들이 교육청에 민원을 많이 내기 시작했고, 급기야 학교에서는 학생과 학부모들을 대상으로 설문조사와 공청회까지 열어야 했다. 학과별 학생 내신성적 산출 방식에 대한 유불리 문제가 학부모들 사이에서 문제가 되어 교육청에 민원을 낸 것이다. 처음 교무기획부장을 맡은 B교사가 이 모든 일을 잘 알고 처리하기에는 역부족이었다. 이 일에 대한 스트레스로 그 다음 해에 B교사는 다른 학교로 전근을 가게 되었고, 학교는 학부모들끼리 갈등이 많은 학교로 낙인이 찍히게 되었다.

학교에서는 나중에 왜 이런 민원이 발생하게 되었는지 그 원인을 알게 되었는데, 학교를 나간 A교사가 자기와 친한 학부모들에게 학과별 학생 내신성적 산출 유불리에 대해 교육청에 민원을 넣도록 조장했다는 사실을 알게 되었다. A교사와 B교사는 서로 친해 보였지만 A교사는 자기가 나간 이후 B교사와 학교가 잘 나가는 것을 보고 싶지 않았던 것이다.

학교는 교사 상호 간 질투를 유발하는 많은 조건들을 가지고 있습니다. 작게는 교장(감)에게 받는 인정욕구부터 담임과 업무 배정, 성과상여금, 승진 관련 점수 획득 등에서 그렇습니다. 많은 교사에게 특히 성취욕구가 강한 교사에게 있어 이러한 조건들은 동료들을 경쟁자로 보게 만듭니다. 사촌이 땅을 사면 배 아픈 문화가 학교 현장에서 고스란히 발현되는 거지요.

능력주의(Meritocracy)

이러한 질투 문화는 경쟁의 문화에 익숙하게 살아 온 경험의 영향일 수도 있겠다는 생각이 듭니다. 우리 사회에서 경쟁은 주로 대학입시, 그리고 대학 졸업 후 취업을 다투는 방식으로 일어납니다. 그리고 취업했다고 경쟁이 끝나는 것은 아니지요. 이후에는 성과 경쟁, 승진 경쟁, 짝짓기 경쟁, 재산불리기 경쟁 등으로 이어집니다. 일자리는 없고, 복지기반은 허약하고, 사회적 연대의 끈마저 사라지면서 경쟁에서 탈락하는 것은 사활의 문제가 되었습니다. 경쟁이 치열하면 치열할수록 사람들은 살아남기 위해 수단과 방법을 가리지 않게 됩니다. 연대하고 협력하기보다 각자도생을 선택합니다.

경쟁이 극심한 사회에서 타인에 대한 인정과 협력, 공동의 문제에 대한 숙의의 자리는 기대하기 어렵습니다. 공포에 사로잡힌 사람은 극도로 시야가 좁아지고 사고가 편협해집니다. 당장의 이익, 개인의 이익에 집착하고 장기적인 이익, 공공의 이익은 무시하는 경향이 있습니다. 이런 사회에서는 민주적인 시민이 마땅히 가져야 할 덕목이 설 자리가 없어집니다. 다음은 경쟁사회 속에서 질투가 학교의 협력을 어떻게 어렵게 만드는지를 보여주는 사례입니다.

A고등학교에는 원격수업을 잘하는 교사들이 있었고, 그들은 동료들의 응원을 받으며 수준 높은 수업을 만들어냈다. 앞서 나가는 교사들을 보고 다른 교사들도 새로운 방식을 배우고 변화에 활기 있게 대처하는 분위기였다. 능력이 있는 교사가 존중받으며 실력 발휘를 하고 다른 교사들이 배워서 함께 성장하고 있다.

반면, B고등학교는 원격수업 초반부에 '잘하는 교사들이 열심히 해서 다른 동료가 뒤떨어져 보이게 하지 마라, 비교되게 하지 말고 적당히 해라' 하는 말이 돌았다. 그러다 보니 학교에서 원격수업 관련 기능 보유자들이 실력 발휘를 하기 어려웠다. 전체 분위기와 다르게 자기가 직접 영상을 찍는 교사들은 눈총을 받을까 조심했고, 그 결과로 전체가 낙후되어버렸다.

지금까지 우리는 학교 현장에서 보이는 이기적인 교사들의 모습, 협력하지 않는 학교의 다양한 모습을 살펴보았습니다. 실제 집단보다 개인을 강조하고, 때로는 공동체를 외면하며 이기적인 모습들로 변화해가는 학교 현장의 생생한 모습을 지켜봤고, 이로 인해 고통 받는 동료교사와 무기력해지는 교장(감)의 모습 속에서 심적인 불편함, 심지어 자괴감까지 들기도 하였지요.

하지만 실망감을 갖기에는 아직 일러요. 모두가 이렇게 이기적인 모습을 보이고 있는 건 아니거든요. 학교 현장에는 그래도 협력하는 학교의 모습을 보이고 있다는 작은 희망이 있습니다. 제3장에서는 실제 우리 교사들이 이기적이지만 그래도 협력하려고 노력하며 시행착오를 겪고 있는 학교의 일상적 협력 모습을 살펴보고자 합니다.

함께 참여하기

■ 우리 학교의 협력문화 유형은?[13]

흔히 섬처럼 고립된 존재, 절연된 존재, 또는 달걀 곽 속의 달걀같은 존재 등의 표현을 통해 교직사회의 개인주의 모습을 지적하고 있습니다. 교사의 수업, 생활지도, 학급경영 등은 개인의 영역도 아니고 교사 개인이 오롯이 책임져야 할 일도 아닙니다. 무엇보다도 서로 협력하여 학생들의 성장을 돕는 협력적 학교문화가 필요합니다.

과연 내가 근무하는 학교의 협력문화는 어떤 모습일까요? 각자 해당 영역에 체크해 보고 생각해 봅시다.

[점수 부여 방법] 12개 항목의 각 칸의 내용이 '항상 그렇다'면 10점, '전혀 그렇지 않다'면 0점을 기준으로 자신의 판단에 따라 점수를 부여하되, 가로열의 합계가 10이 되도록 준다.

예시는 다음과 같습니다.

연대 의식 (10점)	__0__ 많은 교사들은 타 교사의 효과적인 수업에 관심이 없다.	__7__ 대부분의 교사들은 다른 교사들의 수업에 대해서 모른다.	__2__ 교사들 대부분이 친한 교사의 수업에 대해서만 알고 있다.	__1__ 교장은 교사들이 서로의 수업을 공유하기를 기대한다.	__0__ 동료 교사의 수업을 관찰하고 논의하는 일이 가끔 있다.	__0__ 적극적으로 동료 교사의 수업을 관찰하고 논의한다.

영역 (점수)	독소적 문화	파편화된 문화	끼리끼리 문화	인위적인 동료문화	느긋한 협력문화	적극적 협력문화
학업 성취도 (10점)	_____많은 교사들은 학생이 공부를 못하면 이는 학생 책임이라고 생각한다.	_____교사들은 보통 학생의 학업 성취도에 관련해서는 논의를 하지 않는다.	_____학생의 학업 성취도에 관한 논의는 같은 교과 교사 및 친한 교사들끼리만 한다.	_____교사들에게는 학업성취도에 관해 논의할 시간이 주어지고, 이에 관해서만 논의한다.	_____학생의 학업성취도에 관한 논의 시간에 교사들은 서로 충고를 주고받는다.	_____학생의 학업 성취도에 관한 논의 시간에 교사들은 서로의 수업을 비평하고 분석한다.

연대의식 (10점)	_____많은 교사들은 타 교사의 효과적인 수업에 관심이 없다.	_____대부분의 교사들은 다른 교사들의 수업에 대해서 모른다.	_____교사들 대부분이 친한 교사의 수업에 대해서만 알고 있다.	_____교장은 교사들이 서로의 수업을 공유하기를 기대한다.	_____동료 교사의 수업을 관찰하고 논의하는 일이 가끔 있다.	_____적극적으로 동료 교사의 수업을 관찰하고 논의한다.
가치관 공유 (10점)	_____많은 교사들이 중요하게 생각하는 교육적 가치는 학생들의 요구와 일치하지 않는다.	_____교사들 간 합의된 교육적 가치들이 많지 않다.	_____소집단별로 공유하고 있는 교육적 가치가 다르다.	_____교장은 학교가 추구하는 일련의 핵심가치를 교사와 공유한다.	_____학교가 지향하는 교육적 가치에 대해 대부분의 교사들이 동의한다.	_____학교가 지향하는 교육적 가치에 대해 모든 교사가 동의한다.
의사결정 (10점)	_____교사들의 무관심 때문에 모든 의사결정은 쉽게 내려진다.	_____교사들은 통상 학생과 관련한 결정에 참여하려 하지 않는다.	_____학생과 관련한 모든 결정을 좌지우지하려는 소집단들이 있다.	_____교장은 학생과 관련한 모든 결정에 교사가 참여하기를 바란다.	_____교사들이 학생과 관련한 결정에 관심을 보이는 일이 가끔 있다.	_____학생과 관련한 결정에 교사들이 참여하기로 되어 있다.
위험감수 (10점)	_____많은 교사들은 수업을 혁신하기보다는 자신의 수업방식을 고수하려 한다.	_____늘 그렇듯 대부분의 교사들은 새로운 시도를 하지 않는다.	_____혁신의 시도는 특정 교과나 학년 단위에서만 일어난다.	_____교장은 교사들에게 새로운 아이디어를 시도해 보도록 의무화한다.	_____교사들이 새로운 아이디어를 시도하는 경우가 가끔 있다.	_____교사들이 끊임없이 새로운 아이디어를 모색한다.

신뢰 (10점)	_____동료 교사에 대해 뒷담화를 자주 한다.	_____교사들은 서로 간 신뢰가 꼭 필요하다고 생각하지 않는다.	_____신뢰 관계가 특정 동료들 간에만 형성되어 있다.	_____교사들끼리 서로 신뢰해야 하는 상황에 놓여 있다.	_____교사들 간에 신뢰가 있어야 된다고 하지만 그리 중요한 이슈는 아니다.	_____교사들이 서로 강하게 의존한다.
개방성 (10점)	_____학생과 수업에 헌신적인 교사들은 비난을 받는다.	_____통상 다른 교사가 제안하는 수업 방식에 별 관심이 없다.	_____수업에 대한 의견은 통상 친한 교사들끼리만 공유한다.	_____회의에서 교사들이 효과적인 수업에 대한 논의에 기여한다.	_____수업과 관련한 충고를 주고받는 경우가 가끔 있다.	_____자신의 수업에 대한 동료 교사의 의견을 갈구한다.
학부모와의 관계 (10점)	_____교사들은 가능하면 학부모를 만나지 않으려 한다.	_____수업과 관련한 학부모의 참여나 조언을 필요하다고 생각하지 않는다.	_____학부모들은 교사 중 우수한 집단과 그렇지 못한 집단이 있다는 점을 알고 있다.	_____교장이 교사들에게 학부모와 정기적으로 소통하라고 한다.	_____대부분의 교사는 학부모가 수업에 관여하는 것을 부담스러워하지 않는다.	_____교사들은 학부모가 교실 수업에 관여하기를 적극적으로 원한다.
리더십 (10점)	_____교장은 학교의 성장과 발달에 방해가 된다.	_____교장을 학교에서 잘 볼 수가 없다.	_____교장이 특정 교사들만 만나고 칭찬한다.	_____교장이 교사들의 협력을 모니터한다.	_____교장은 교사들끼리 충고를 주고받되 너무 비판적이지 말라고 주문한다.	_____교장은 효과적이지 못한 수업에 문제를 제기하고 교사들도 그러기를 요구한다.

의사소통 (10점)	____학교 정책 때문에 교사들의 학업성취도 관련 논의가 방해를 받는다.	____교사들끼리의 소통을 그리 중요하게 생각하지 않는다.	____생산적인 대화를 나누기 어려운 특정 그룹의 교사들이 있다.	____소통은 주로 하향식 지시 위주로 이루어진다.	____학교에서 일어나는 대화는 전반적으로 다정하고 기분 좋은 것들이다.	____수업에 관해서 교사들 사이에 자유롭게 이야기를 나누는 문화가 형성되어 있다.
사회화 (10점)	____부정적인 교사들의 생각이 새로 온 교사들에게 빠르게 스며든다.	____교사들은 학교에 각자도생 문화가 존재함을 빠르게 알게 된다.	____새로 온 교사를 예단하여 특정 그룹에 속하는 유형이라고 꼬리표를 붙인다.	____새로 온 교사가 의무적으로 참석해야 하는 모임이 많다.	____새로 온 교사들에게 자신의 경험을 다른 교사들과 공유하도록 권장한다.	____모든 교사들은 새로 온 교사의 적응을 도울 책임이 있다고 생각한다.
학교의 역사 (10점)	____학교에 대한 부정적인 일화는 빠르게 퍼져 나간다.	____도움을 요청한 교사는 부족한 교사라고 여긴다.	____특정 학년, 교과 및 팀은 자신들의 성공은 학교 전체와는 무관한 것이라 여긴다.	____학교에서 일어나는 대부분의 일들에 대해 교장의 강력한 통제가 문화로 형성되어 있다.	____학교에 축하할 일이 계속 이어지고 있다.	____학교를 개선하는 일은 지속적으로 이루어져야 한다는 것을 이해하고 있다.
합계 (120점)						

■ 결과 활용 Tip

우선 학교 협력문화 유형의 합계 점수(120점)가 어떻게 분포되어 있는지를 살펴보면, 6개 유형 중에 우리 학교의 협력 유형이 어떠한지를 예측할 수 있습니다. 맨 왼쪽의 독소적 문화나 맨 오른쪽의 적극적 협력의 문화가 일반적이지는 않을 것입니다. 적극적 협력의 문화 역시 지향점이지 현실은 쉽지 않습니다. 다만, 합계 점수에 따른 학교 유형의 거시적 측면보다는 12개 영역에 따른 점수 분포에 나타난 강점과 취약점 등을 살펴보고 이에 따른 대안을 교사공동체가 함께 만들어나가는 과정에 중점을 두는 것이 중요합니다.

1   Wilkinson, G, S.,(1984). "Reciprocal food sharing in the vampire bat". Nature, 308. pp. 118~184./ 최정규(2004). 이타적 인간의 출현. 도서출판 뿌리와이파리, 서울. pp.93~94에서 재인용

2   블랙독(Black Dog)이란 검은 색을 가진 개의 입양을 기피하는 현상으로, '우울증'과 '낙담'이라는 부정적인 뜻을 담고 있기도 한데 인간의 편견이 부른 '소외'와 '차별'을 의미한다. 2019년에 방영된 tvN 드라마 〈블랙독〉에서는 기간제 교사로서 겪는 편견과 설움을 극복하고 진정한 교사로 거듭나는 이야기를 담고 있는데, 제시된 사례의 교사 모습과 유사하다고 볼 수 있다.

3   마이클 풀란(2017). 이찬승·은수진 역. 학교개혁은 왜 실패하는가. 21세기 교육연구소. p.181에서 재인용

4   Feiman-Nemser,S. & Floden, R. E.(1986). The Culture of Teaching. In Wittrock, M. C.(Ed,), Handbook of Research on Teaching(3rd ed.). Macmilan Publishing Co./ 이정선(2002). 초등학교 문화의 탐구. 교육과학사. p.118에서 재인용

5   Sarason,S.(1982). The culture of the school and the problem of change(2nd ed.). Boston, MA : Allyn&Bacon./ 이정선(2002). 초등학교 문화의 탐구. 교육과학사. p.118에서 재인용

6   이동원·박옥희(2003). 사회심리학. 학지사.

7   김갑용(2019). 초임교사의 교직문화 적응. 블로그(https://blog.naver.com/edugab2/221487099401)

8   마이클 풀란(2017). 이찬승·은수진 역. 학교개혁은 왜 실패하는가. 21세기 교육연구소. p.183에서 재인용

9   앤드 하그리브스와 마이클 풀란(2014). 진동섭 역. 교직과 교사의 전문적 자본. 교육과학사. p.192

10 박미희(2020). 코로나19와 교육 : 학교자치에 주는 시사점. 경기도교육연구원 이슈페이퍼 2020-13. p.34

11 조영재(2016). 개인주의 속성에 의한 교사 개인주의 문화 분석. 교육행정학 연구, 34(1), p.222

12 Lortie, D.(1975). School teacher : A sociological study. Chicago, IL: University of Chicago Press./ 오윤진(2018). 혁신학교의 교직문화 사례 연구-현재주의, 보수주의, 개인주의를 중심으로. 서울교육대학교 교육전문 대학원 석사학위 논문. p.10에서 재인용

13 관련 조사 문항은 Gruenert, S. & Whitaker, T.(2015). School Culture Rewired(How to Define, Assess, and Transform It) ; 홍완기(2020). 우리 학교문화 유형 알아보기. 교육을바꾸는사람들 교육칼럼(2020.7.1.)에서 재인용

제3장

이기적 교사,
그래도
협력하는 학교

　　　　　　　그래도 협력하는 학교들이 있습니다. 정말
어려운 상황과 형편에도 불구하고, 서로 돕고 협력하는 교사들
이 많습니다. 왜 그럴까요?

　무슨 이유로 그런 이타적인 행동이 나타나는 걸까요? 자신
보다 학교에 대한 헌신과 동료 교사에 대한 깊은 애정에서 비
롯된 것일까요? 아니면 그런 협력적 모습이 뭔가 자신에게 이
득을 가져다줬기 때문일까요? 그것도 아니면 자신도 모르는
채 그런 행동이 자연스레 나올 수밖에 없었던 상황을 줬을까
요? 그 이유가 궁금합니다.

　이 장에서는 여러 어려움 속에서도 여전히 협력적인 모습을
보여주는 학교의 사례들을 유형별로 살펴봅니다. 그런 다양한
사례들을 통해 협력적 모습과 이타적 행동 이면에 가려있는 진
짜 이유, 그런 행동이 나타날 수밖에 없었던 여건들을 살펴보
고자 합니다. 이 과정에서 우리는 진짜 수준 높은 협력과 이타
적 행동으로 갈 수 있는 길목을 찾길 기대합니다.

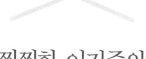

찝찝한 이기주의

만약, 선생님이라면?

지금까지 앞장에서 이기적인 교사들의 협력하지 않는 학교 모습을 같이 읽고 생각하느라 수고 많으셨습니다. 혹시 내용이 불편하지는 않았습니까? 학교 구성원 특히 선생님들이 자신의 이익만을 생각하며 고립되고, 불안해하고, 또는 질투하며, 서로 협력하지 않는 모습으로만 비춰져서요. 그렇습니다. 우리 선생님들이 어떤 분들인데요. 자, 이제 여기에서는 그래도 서로 협력하려고 분투하는 현장 선생님들의 이야기를 같이 해볼까요?

오늘은 오후 3시부터 교육청에서 교육과정부장 네트워크 협의회가 있는 날이다. 그런데 지난주에 병원 진료를 받으며 다음 진료 일을 오늘로 예약하고 말았다. 출장을 가야 하나? 병원에 가야 하나? 그동안 협의회에서 중요한 이야기도 없었고 일이 있으면 내일 연락이 오겠지? 그런데 여섯 학교의 부장이 모이는 지구별 협의회라 안 가면 빈자리가 뻔히 보일 것 같고 또 개인주의적이고 비협조적으로 여겨지는 것도 영 찜찜하다. 뭐, 내일 다른 학교 부장님께 전화해보면 되지⋯. 일단 병조퇴⋯.

앞장에서 살펴본 '사익 대 공익'과 관련 있는 이야기입니다. 개인의 이익이 더 중요하냐? 내가 속한 집단의 이익이 더 중요하냐? 학교에서 일하다 보면 가끔 이런 경우가 있습니다. 또 그런 상황에서 우리는 갈팡질팡하며 찜찜한 선택을 하기도 합니다. 제1장에서 언급했던 '뻔뻔한 이기주의자' 생각나세요? 교무실에 있었던 복사기 사례요. 그때 우리는 어떤 상황이나 다른 사람의 입장과는 관계없이 자신의 이익만을 위해서 행동하는 사람을 뻔뻔한 이기주의자라고 했었죠. 하지만 우리는 항상, 언제 어디서나, 늘~ 뻔뻔한 이기주의자의 모습으로만 살아갈 수 없습니다. 그랬다가는 어떻게 되겠어요? 뻔하지 않겠어요? 내가 도움이 필요할 때 나를 도와주는 사람은 아무도 없을 것이고, 주위에 친구도 없고 결국은 외롭고 서글픈 양치기가 되고 말겠죠.

그래서 자신의 이익과 타인 또는 집단의 이익이 충돌할 때 우리는 어떤 행동을 선택할지 진퇴양난의 딜레마에 빠지게 됩니다. 그런데 좋게 생각하면 딜레마에 빠졌다는 그 자체가 뻔뻔한 이기주의자로 낙인찍히는 것을 싫어한다는 방증 아닐까요? 이런 상황에 부닥친 사람을 소심하다고 할 수도 있고, 본인의 처지에서는 찝찝하기도 할 것 같습니다. 그래서 우리는 이런 딜레마 상황에서 주변 사람들이 나에 대해 생각하는 사회적인 평판을 염려하기도 하고, 본인의 찝찝한 마음을 위로하기 위해서 상대방의 안부를 묻는 조작된 친절을 베풀기도 하고, 나의 이익을 위해 선택적으로 또는 전략적으로 다른 사람을 도와주는 협력의 방식을 택하기도 합니다.

Give and Take

다른 이야기 하나 더 볼까요?

○○초 3학년 선생님들은 매주 목요일이면 연구실에 모여서 다음 주 수업을 함께 준비한다. 코로나19 상황에서 등교수업과 온라인 수업을 병행하다 보니 선생님들이 함께 수업을 준비하는 일이 필수가 되어 버렸다. 특히 교과별로 온라인 수업을 재구성하고 자료를 준비하는 일에 더 많은 시간이 걸린다. 그런데 담임 선생님이 자기 반 모든 수업을 준비하기가 쉬운 일이 아니다. 이러다 보니 자연스럽게 과목별로 역할 분담이 이루어진다. 내가 도움을 받기 위해서는 나도 도와야겠지, 내가 먼저 도와주면 다른 사람도 나를 도와주겠지… 이런 생각으로 내가 담당할 과목을 정해본다. 다음 주 사회는 제가 할게요. 실과는 저요….

기브 앤드 테이크(Give and Take)가 생각나지 않으세요? 자신의 손해에도 불구하고 다른 사람을 도와주는 행동을 이타주의적인 행동이라고 했는데, 기브 앤드 테이크는 무엇인가를 주고받는 거래적인 관계 속에서 일어나는 조건부 협력으로 보입니다. 애덤 그랜트(Adam Grant)는 그의 저서 『기브 앤 테이크』에서 주는 사람, 기버(Giver)와 받는 사람, 테이커(Taker) 사이에서 자신의 손해와 타인의 이익이 균형을 이루도록 애쓰는 사람을 매처(Matcher)라고 했습니다.[1] 즉 받은 만큼 돌려준다는 생각으로 호의적인 협력 관계가 일어나는 상황이라고 할 수 있습니다.

어쨌건 우리는 자신의 이익만을 추구하는 이기주의자와 자신의 손해에도 불구하고 타인의 이익을 추구하는 이타주의자 사이에서 상황에 따라 나에게 돌아오는 이익의 정도에 따라 찝찝한 이기주의자가 되기도 하고, 온전한 테이커가 되기도 하고, 거래적 매처가 되기도 하고 또는 온전한 기버가 되기도 하는 것 같습니다. 다시 말해, 우리는 다양한 상황에서 다양하게 갈등하며 다양한 협력의 방식을 택하고 있습니다. 이런 이야기를 계속해서 같이해볼까요? 이어지는 이야기는 *끈끈한 동지애 속에서 피어나는 협력*입니다.

진짜 이기적인 교사

우리가 남이가!

요즘 학교에서는 자신만 챙기고 주변을 전혀 돌보지 않는 선생님들이 많다고 합니다. 그러나 여전히 많은 학교에서 선생님들은 서로 돕고 협력하는 이타적인 모습을 보여줍니다. 하루의 대부분을 학교에서 보내는 교사들은 어떤 땐 가족보다 동료들을 더 가깝게 생각하는 경우도 있습니다. 그만큼 학교에서 이뤄지는 협력은 생각보다 아주 끈끈한 유대 관계를 형성하기도 합니다. 다만, 그런 이타적 협력을 이끄는 동기가 다음의 사례처럼 매우 현실적인 이유와 조건일 수 있다는 점에서 주의가 필요합니다.

제3장 이기적 교사, 그래도 협력하는 학교

학연, 지연

A학교는 지역에서 제법 이름이 알려진 고등학교다. 이 학교는 교장, 교감선생님을 비롯한 교무부장, 학생부장, 각 학년부장 선생님들이 모두 한 마음이 되어 일사불란하게 움직이며 학교를 만들어 간다는 소문이 나 있다. 학생과 학부모의 만족도도 꽤 높다. 특히 학부모들은 몇 해 전 공모로 새로 오신 교장선생님이 자신들의 의견을 적극 반영하여 학교를 운영하고 있다며 매우 만족해한다. 이 학교로 새로 오신 선생님들 중에는 이전 학교 또는 그 이전 학교에서 교장선생님과 함께 근무했던 분들이 많다. 지금 교무, 학생, 학년부장 선생님들도 그렇게 인연이 맺어진 분들이다. 그래서인지 모두 학교 일에 적극적이다. 기획부서와 학년부 간 협력도 꽤 원만한 편이다. 특히 교장선생님과 인연이 되어 초빙으로 오신 분들을 중심으로 협력이 아주 활발하다.

이미 눈치 챘겠지만 A학교는 공모로 오신 교장선생님, 그리고 그분과 이미 인연을 맺고 있던 교사들이 초빙으로 전근을 오면서 변화가 생긴 학교입니다. 요즘 학교에서 찾아보기 힘든 활발한 부서 간 협조, 교사 간 협력의 동기도 이런 조건에서 시작된 것처럼 보입니다. 최근 교장 공모제와 초빙 교사제를 이런 방식으로 활용하면서, 학교에 활력을 불어넣는 경우가 꽤 있습니다. 그 동기가 어찌 됐든 요즘 학교에서 찾아보기 어려운 활발한 협조이자 이타적 협력의 모습을 발견할 수 있다는 점에서 매우 고무적입니다. 학교교육과정 운영 측면에서는 매우 긍정적입니다. 왜

나하면, 그 결실은 모두 학생과 학부모에 돌아갈 것이 분명하기 때문입니다. 서로 협력하며 어려움을 이겨낸 교사들의 동료의식도 새로울 것이고, 교사로서의 보람, 교직에 대한 자부심이라는 보상 또한 만만치 않을 것으로 보입니다.

학연, 지연이 없다면?

그러나 어쩌면 이러한 모습은 자연스러운 학연, 지연에서 비롯된 현상인 것 같아 씁쓸합니다. 드러난 이타적 협력의 모습 이면에 숨어있는 동기는 다름 아닌 학연, 지연에서 비롯된 동료의식처럼 보이기 때문입니다. 우리에게 이미 익숙한 전통적인 의미의 학연, 지연의 모습은 출신 학교, 출신 지역이 어디인가에 따라 끈끈한 연대성과 동료성을 갖는다는 게 일반적입니다. 그러나 요즘은 '우리가 남이가!'라는 동료의식이 이타적 협력의 모습을 만들어 낸 것은 아닐까합니다. 이러한 현상은 리처드 도킨스(Richard Dawkins)가 『이기적 유전자』에서 말한 혈연선택(kin selection) 가설과도 매우 비슷합니다. 그는 부모가 자식에게 보이는 헌신적인 이타적 모습은 결국 혈연이라는 유전자에 기초한, 즉 '가족 내 이타주의'의 모습일 뿐이라고 설명하고 있습니다. 결국 '우리가 남이 아니기 때문'에 헌신적인 이타적 모습도 나타날 수 있다고 보는 것 같습니다.

어쨌든 문제는 학연, 지연에 의해 만들어진 이타적 협력의 모습은 일시적인 현상에 그칠 수 있다는 점입니다. 그 협력을 만든 동기가 사라지면, 이타적 협력의 모습도 사라질 수 있기 때문입니다. 여기서는 교장 선생님을 중심으로 맺었던 친분이 협력을 만든 강한 원동력일 텐데, 여러 가지 이유로 이런 끈끈함이 사라질 경우 활발했던 이타적 협력의 모습도 동시에 사라질 가능성이 있기 때문입니다. 더 큰 문제는 그렇게 맺어진 친분은 길게 보면 오히려 교사들의 협력을 가로막는 걸림돌이 될 수도 있을 것 같습니다. 마치 그들만의 리그에서 그들끼리 협력하는 것처럼 보일 수 있기 때문입니다. 공모 교장이 있는 학교에서 흔히 볼 수 있는 초빙교사와 일반교사 간 불편한 관계도 그렇지 않을까요?

진짜 이기적인 교사

우리, 끼리끼리

친분이 있는 사람에게 눈길 한 번 더 가고, 서로 도와주고 싶은 마음이 인지상정(人之常情)이기도 합니다. 이런 제한된 관계의 협력이 꼭 나쁜 것만은 아닐 수 있는데 좀 그렇기도 합니다. 계속 이야기해보죠.

동(同) 학년 협력

쌍방향 온라인 수업 3교시가 끝난 쉬는 시간, 담임 선생님들이 지친 모습으로 연구실로 들어오며 한숨을 내쉰다. 온라인 수업, 너무 힘들어… 차라리 아이들이 매일 왔으면 좋겠어요. 맞아요, 아이들이 서로 얼굴도 보면서 이야기도 나눌 수 있어야 하는데 이건 뭐, 작은 모니터 속의 더 작은 얼굴을 찾아보려니 답답하더라고요. 선생님, 온라인 수업 때 소집단 활동해 보셨어요? 그룹 토의 같은 거요. 그거 할 수 있어요? 저는 아직 생각도 못 하고 있는데, 그냥 한 명씩 발표시키고 있어요. 선생님! 소회의실 기능이 있어요. 서너 개 그룹 만들어서 같은 그룹 아이들끼리만 이야기하며 토론할 수 있어요. 진짜요? 스마트폰으로도 할 수 있어요? 알려주세요? 먼저, 컴퓨터로 프로그램에서 설정부터 해야 해요. 스마트폰으로는 설정이 안 되더라고요. 선생님, 그러면 오후에 수업 끝나고 우리 학년 같이 연수해요? 좋아요. 커피는 제가 내려놓을게요. 옆에 3학년도 같이 하자고 할까요? 글쎄요, 일단 우리끼리 먼저 해봐요. 나중에 필요하면 알려주죠 뭐. 그래요. 그럼 수업 끝나고 오후 3시에 모두 연구실로 오세요. 네….

어! 우리 학년 이야기인데…. 학교에서 어렵지 않게 볼 수 있는 모습이죠. 코로나19 상황에서 학생들이 등교수업과 온라인 수업을 병행하면서 학교에서는 학년을 중심으로 또는 교과를 중심으로 몇몇 선생님들이 공식적으로 또는 비공식적으로 모여서 협력하는 아주 자연스럽고 당연한 모습인 것 같습니다.

이런 이야기처럼 학교 선생님들이 전체적으로 협력하지 않고 특정한 경계의 특정한 집단 내에서만 협력하는 문화를 하그리브스와 풀란 (Hargreaver, A. & Fullan, M.)은 소국분할주의적인 문화(Balkanization)라고 했습니다.[2] 선생님들도 잘 아시죠? 발칸반도는 유럽 대륙의 남쪽, 지중해의 동쪽에 있는 삼각형 모양의 반도로 루마니아의 카르파티아 산맥, 불가리아의 발칸 산맥과 로도페 산맥, 그리스의 핀두스 산맥 등 주

진짜 이기적인 교사

로 산악 지대의 가혹한 자연환경에 고립되어 독특한 민족적 전통이 발생한 곳이랍니다.

그래도 선생님들이 완전히 고립되어 소통하지 않는 것보다는 낫잖아요?

그렇습니다. 초등학교 선생님들은 자기 교실 안에서, 중·고등학교 선생님들은 파티션으로 둘러싸인 담장 아래에서 혼자 일하고, 서로 대화도 나누지 않고, 필요한 도움은 인터넷 검색과 유튜브 등으로 해결하며 자기 공간 밖에서는 협력하지 않는 학교의 모습보다는 천배 만 배 이상으로 좋은 모습입니다. 중요한 것은 선생님들이 가르치는 일을 온전한 자기만의 독립적인 몫으로 생각하지 않고 다른 선생님들과 협력하여 가르치는 집단적인 일이라고 자연스럽게 생각하고 있다는 것입니다. 이런 학교는 선생님들이 자연스럽게 자기 경계 밖에서 살아서 움직이는 학교가 되겠죠.

동 학년 간, 교과 간 협력으로

또 하나 중요한 것은 소국분할주의적이기는 하지만 이러한 협력이 계획되고 의도된 공식적인 협력이 아니라 구성원들 간에 자연스럽게 일어나는 비공식적인 협력이라는 거예요. 협력이 자연스럽게 작동한다는 것은 선생님들이 서로 편안한 신뢰 관계가 형성되어 있어서 자발적일 수 있다는 의미입니다. 앞의 이야기처럼 "온라인 수업 너무 힘들어"라고 자신의 힘든 감정을 편하게 쏟아 낼 수 있고, "맞아요"라며 공감해주고, 수업의 어려운 점을 자연스럽게 질문하고, 계산기 필요 없이 도움을 주려하고, 함께 좋아하는 모습처럼요.

그런데 조금 아쉬운 점이 있습니다.

음, 대충 알 것 같아요. 우리 끼리끼리 문화, 소국분할주의적 협력 문화의 구조와 내용면에서 이야기해볼 수 있습니다. 먼저 협력의 구조적인 면을 보면 구성원들 간의 협력이 학년이나 교과로 경계 지어진 눈에 보이지 않는 담장 안에서만 일어난다는 사실입니다. 그러다 보니 선생님들은 자기 집단의 정체성을 유지하며 때로는 다른 학년이나 다른 교과 집단의 정체성과 구분 지으며 또 때로는 서로 경쟁한다는 것입니다. 즉 협력이 자기 집단의 경계를 넘어서 작동하지 않는 것이죠. 그러니까 다른 집단이라고 생각하는 선생님들에게는 자연스럽게 무관심하고, 의사소통의 기회는 줄어들어서 집단들끼리 각자도생하고 마는 것입니다.

집단의 경계를 넘나드는 비공식적인 관계 문화가 확장되어야 겠는데요.

맞습니다. 앞에서 이야기한 비공식적인 신뢰 문화의 확장이 문제 해결의 키(key)라고 할 수 있습니다. 그러려면 시간과 공간이 있어야겠고 또 분위기를 만들 수 있는 머니(money)도 있어야겠죠. 두 번째는 협력의 내용적인 부분입니다. 앞의 이야기에서 협력의 내용은 온라인 수업 프로그램의 기능을 알려주는 공유 수준의 협력에 그치고 있습니다. 그러니까 매번 카누만 먹는 겁니다. 농담이고요…. 물론 이러한 공유 수준의 협력이 자주 일어나야 학년과 교과선생님들이 모여서 함께 계획하고 탐구하며 교육과정을 수립하고 운영하는 등의 좀 더 공식적이고 형식적인 공동 작업 수준의 협력이 잘 일어날 수 있을 겁니다.

소국분할주의적인 협력 문화가 대국적인 차원에서 학교 전체의 협력적인 문화로 확장되려면 해결해야 할 여러 가지 문제가 있어 보입니다. 아마도 학교 구성원들이 자기 집단만의 경계를 넘어 다른 구성원들과 비공식적인 신뢰의 문화를 공유하며 일상적으로 협력하는 경험을 갖는 일일 것입니다. 학교에서 일어나는 다양한 협력 이야기를 본격적으로 해보니까 희망이 보이지 않으세요? 비공식적이고 자발적인 협력의 희망이 보이기 때문에 학교에서는 의도적이고 계획적인 협력을 또 이야기하나 봅니다. 소국을 대국으로 만들어가는 '멘토링'에 대한 이야기부터 나눠보겠습니다.

Lei it go!

협력 관계의 당사자들을 인위적으로 멘토와 멘티 관계로 묶어주기 위한 제도가 바로 멘토링입니다. 선생님도 공식적인 멘티 또는 멘토였던 경험이 있으세요? 제가 전해들은 김 선생님과 최 교감선생님의 이야기를 한 번 보겠습니다.

의도된 협력

3월에 발령받아 이제 두 달여가 지난 김 선생님. 학부모 공개수업을 앞두고 자료를 찾아가며 이런저런 준비를 하고 있다. 김 선생님, 공개수업 준비 잘 되고 있어? 내가 뭐 좀 도와줄까? 신규 발령 때 멘토링으로 맺어진 같은 교과 멘토 박 선생님이다. 네, 그럭저럭요.

제가 필요하면 말씀드릴게요. 사실 박 선생님은 과목은 같지만, 수업 스타일이 달라서 별로 참고하고 싶은 생각이 없었다. 차라리 전에 인상 깊게 봤던 국어과 이 선생님의 수업 방법을 배우고 싶다. 이 선생님께 수업 계획을 좀 봐달라고 부탁할까? 그런데 학교에서 맺어준 멘토는 같은 교과 박 선생님인데, 이 선생님에게 수업을 여쭤보면 박 선생님이 기분 나쁘지 않을까?

네, ○○학교 교감 최○○입니다. 교감 선생님, 안녕하세요? 저 ○○학교 장 교감이에요. 안녕하세요, 어쩐 일이세요? 뭐 좀 여쭤보려고요. 네, 뭔데요? 우리 학교 선생님 한 분이 다음 달에 휴직하셔서 대체 선생님을 구해야 하는데 공고를 내야 하는지 궁금해서요. 기간제 교원 채용 처음이시죠? 저도 초임 때 몰라서 여기저기 여쭤보고 그랬어요. 장 교감님, 계약제교원 운영지침 있죠? 5쪽 펴보세요. 거기 보면 채용 공고 생략 가능한 경우가 잘 나와 있어요. 최 교감님, 여기 있었네요. 감사해요. 요즘은 필요한 정보가 어디 있는지 알아내는 게 더 중요한 것 같아요. 교육청에서 맺어주긴 했지만, 우리 멘토 최 교감님이 계셔서 든든해요. 최 교감님, 감사해요. 식사 맛있게 하세요! 네, 언제든지 또 연락하세요.

협력을 꼭 의도적으로 계획해야만 하나요? 그리고 요즘은 1:1 멘토링보다 대부분 전학공(전문적 학습공동체)합니다….

그렇죠. 예전에는 저경력 교사를 멘티로 고경력 교사를 멘토로 묶어서 멘토가 멘티를 도와주는 관계였죠. 요즘은 학습 네트워크가 강조되면서 학교 안에서 동 학년이나 동 교과를 중심으로 멘토링하는 전문적 학습공동체 또 학교 밖에서는 교사 장학 네트워크, 지구별 장학협의회 등의 형태로 발전했습니다.

그나저나 뼈 있는 질문을 하셨어요. 협력이 꼭 의도적이고 계획적이어야 하는가? 이런 교육정책은 누구의 의도가 더 담겨있을까요? 그렇습니다. 협력의 주체이자 당사자인 선생님보다는 교육청의 행정가 또는 학교의 교장, 교감 등 관리자의 의도가 더 강할 겁니다. 왜냐하면 선생님들 간에, 학교 간에, 학교와 마을 간에 이루어지는 아름다운 협력의 모습을 빨리 보고 싶어 하기 때문입니다. 앞의 '우리, 끼리끼리'에서 이야기한 것처럼 협력은 비공식적인 신뢰 문화를 바탕으로 서서히 형성되는 뚝배기인데 빨리 끓어서 눈에 보이는 양은 냄비를 기대하고 있다는 거죠. 원하는 협력의 대상이 아닐 수도 있고, 관심 없는 협력의 내용일 수도 있고, 서로 도움을 줄 수 있는 전문성이 부족할 수도 있는데 말이에요. 또 그런데도 의도적으로 계획적으로 맺어진 협력의 결과를 각종 보고서 등 유형의 결과물로 만들어내야 하잖아요.

이처럼 어떤 협력의 참여자, 내용, 운영 방식 등이 정해진 틀 속에서 이루어지는 협력 관계를 고안된 동료적 협력관계(Contrived Collegiality)라고 할 수 있습니다.[3] 닭이 먼저인지 달걀이 먼저인지 모르겠지만 일단 형식을 만들어 놓고 그 속에 사람이 들어가서 내용을 채우고 신뢰를 쌓아가는 과정이라고 할 수 있습니다. 그래서 선생님들은 가끔 푸념합니다.

진짜 이기적인 교사

"제발, 가만 좀 내버려 두세요…."

"Let it go."

협력은 저절로 일어날까?

그런데 꼭 나쁜 점만 있는 것은 아니죠? 긍정적인 부분도 많을 거예요. 앞의 이야기에서 장 교감선생님은 최 교감선생님에게 도움을 잘 받으셨어요. 신규 교감이 알쏭달쏭한 학교 행정업무를 처리하는 데 누구에게 물어봐야 할지 고민이 많았을 거예요. 그때 교육청에서 형식적으로 의도적으로 묶어주기는 했지만, 멘토 최 교감선생님이 계셔서 쉽게 용기를 낼 수 있었고 든든했을 겁니다. 바로 이 지점입니다. 역설적으로 협력은 저절로 일어나지 않을 수도 있습니다. 협력의 '협'자도 일어나지 않은 학교에서 의도적으로 만들어진 전문적 학습공동체, 지구별로 모이는 교장, 교감 장학협의회 등은 협력을 시작하는 마중물이 될 수 있습니다. 즉, 선생님들을 만나게 하고, 주제를 중심으로 이야기를 나누게 하고, 그 사이에 커피와 빵이 녹아 있는 비공식적인 문화를 만들 수 있지 않을까요? 어느 정도는 의도적이고 계획적인 협력 장치가 필요한 것 같습니다.

의도된 협력 관계는 양날의 검인 것 같아요. 협력 관계가 어떤 정책에 의해서 예산을 담보로 일사불란하게 만들어지고, 행정가와 교장(감)에 의해 원하지 않는 지원과 간섭을 받아야 하고 결국은 교사의 전문성인 자율성을 침해받고 있으니까요. 그런데 가만히 있으면 진짜 가마니가 될 것 같기도 하고요. 협력 관계가 비공식과 공식을 넘나들며 시간이 걸리더라도 자발적으로 일어나게 하는 좋은 방법 없을까요?

그래서 요즘에 협력의 공식성과 비공식성을 적절하게 버무려서 학교 안팎에서 다양하게 운영되는 학습공동체, 즉 전문적 학습공동체가 있습니다. 학교 안에서 이루어지는 학습공동체도 있고 학교 밖에서 모이는 학습공동체도 있는데 먼저 학교 안 전문적 학습공동체 이야기를 해 보겠습니다.

전문적 학습공동체

전문적 학습공동체, 줄여서 전학공이라는 말을 일상에서 많이 쓰고 있습니다. 학교나 교육청 또 연수원 등에서 운영하는 여러 가지 교육과 연수, 협의회, 연구회, 네트워크 등도 전학공 형태로 운영하는 경우가 많죠. 이러한 전문적 학습공동체는 학교를 중심으로 살펴보면 크게는 학교 안과 학교 밖으로 나눠볼 수 있습니다. 학교 안에서 참여하는 전학공 이야기부터 시작해 볼까요.

'전' 빠진 학공

우리 학교는 매월 둘째, 넷째 수요일 오후가 전학공하는 날이에요.
우리 학년 전학공 주제는 온책읽기고요. 아니, 거의 해마다 온책읽

기었어요. 이전 학교에서도 온책읽기를 했어요. 취지는 참 좋아요. 학년이나 교과 또는 주제를 중심으로 작은 모둠 형태로 교사들이 모여서 학생의 학습을 위해 협력하여 성찰하고 수업을 개방하며 실천하기 위해 노력하는 공동체. 좋은 말은 다 들어있죠. 그러나 실제는 그렇지 않은 것 같아요. 처음에 책을 정하고 계획 세울 때만 반짝했지, 중간에는 잘 모이지 않거든요. 그래도 전학공이 끝나갈 무렵에는 간식도 같이 먹으면서 그동안 혼자 읽은 책에 관한 생각을 다른 선생님들과 함께 나누며 책 내용을 정리하고 또 수업에 적용할 수 있는 부분을 함께 고민하기도 해요. 이야기하고 나니까 조금 찝찝하지만, 지난 시간에 이야기한 멘토링처럼 교사의 자율적인 전문성과는 거리가 있는 것 같아요. 고안된 동료적 협력 관계라고 하셨잖아요?

네, 잘 기억하고 계시는군요. 같은 맥락의 이야기가 이어지는 것 같습니다. 우리가 계속해서 하는 이야기의 키워드는 '협력'이잖아요. 또 협력문화는 공식성보다는 비공식성이 더 중요하다고 했고, 비공식성은 구성원들과 신뢰를 쌓아가는 관계를 만드는 일이고 그래서 시간이 걸리는 뚝배기라고 했습니다. 이러한 협력문화를 바탕으로 학교 안에서 자발성에 기초해 자율적으로 전학공이 운영되어야 하는데, 교육청의 행정가나 학교의 교장(감)에 의해서 강요되고 관리된다는 점이 불편한 부분인 것 같습니다.

선생님, 뚝배기도 그릇이에요. 자꾸 그릇에 담으려고 하지 마세요. 그런 형식도 공식적이잖아요?

　네, 무슨 말씀이신지 잘 알겠습니다. 어쨌건, 또 편의적으로 운영되는 부분도 있습니다. 예를 들면, 관심 있는 주제를 중심으로 다양한 학년이나 교과의 선생님들이 다양하게 섞여서 모일 수도 있는데 보통은 학년이나 교과 단위로 운영하는 경우가 많습니다. 또 전학공의 결과가 연수 학점화되는 것을 포함해서 참여자들의 전문적 성장에 이바지하는 것에 그치지 않고 교육청에 따라서는 학교별 교원의 전학공 참여 비율이 교장, 교감의 성과상여금 평가에 반영되고 있습니다. 이러다 보니 선생님들의 자발성과 자율성이 도구화되는 때도 있습니다.

공학전

　'전문적 학습공동체'를 띄어쓰기해 볼까요? '전문적 학습공동체'처럼 다 붙여 쓰는 때도 있던데 어쨌건, 전문적 / 학습 / 공동체 이렇게 세 어절로 나누어 보죠. 어떤 단어가 가장 먼저 눈에 들어오나요? 마음이 편안한 단어에서 마음이 부담스러워지는 단어 순서로 또는 일반적인 수준에서 특수한 수준으로 순서로 좀 정해볼까요? '전문적-학습-공동체' 뭔가 좀 불편해 보이지 않나요? 전문적인 것을 찾아서 공부하기 위해 규칙적으로 모여야 할 것 같은 부담감이 팍! 느껴지지 않으세요? 우리 그러지 말자고요. 순서를 역으로 바꿔서 '공동체-학습-전문적' 이러면 좀 어떠세요? 단어가 뒤죽박죽 섞여서 무슨 말인지 잘 모를 것 같지만 마음은 한결 편하지 않으세요? 영어로는 "Professional Learning Community를 Community for Professional Learning" 정도로요. 당연히 '밥'부터 먼저 먹어야죠. 무슨 말인지 이해되시죠? 이 아이디어 찾아내느라고 머리털이 13개나 빠졌어요…. 그나저나 지금까지 전학공의 부정적인 부분만을 이야기했는데 그래도 좋은 점이 있지 않을까요?

상호작용의 시작

맞아요. 전학공의 좋은 점도 많은 것 같아요. 일단은 같은 학년이건 같은 교과이건 선생님들을 만나서 무엇이든 이야기를 할 수 있어서 좋아요. 어떨 때는 모여서 시간 가는 줄도 모르고 건강부터 자녀, 드라마까지 이야기가 이어지면서 함께 한 이들과 공감대가 만들어지고, 그러면서 더 친해지는 것 같기도 합니다. 이런 시간이 없었다면 혼자 교실에 갇혀서 혹은 파티션 칸막이 아래에서 더 외로웠을 것 같습니다. 요즘처럼 개성 강한 선생님들이 고립되지 않고 좋은 목적을 가지고 상호작용하고 있다는 의미 같습니다. 이렇게 전학공이 편안해지고, 자연스럽게 이야기가 오가다 보면 선생님들은 어쩔 수 없는 선생님이라 그 주제도 학생에서, 수업 그리고 업무 이야기를 안 할 수가 없거든요. 그렇죠, 선생님들의 책무성이 담보되는 한 전문성은 따라붙을 수밖에 없죠. 결국은 여유 있는 시간과 공간 속에서 자생하며 신뢰하는 학교문화가 교사들의 협력을 이끌고 교사의 전문성을 더 발달시키겠네요. 결국은 선생님들을 전학공에 적당히 잘 끌어들여서(pulling) 밀어주고(pushing) 슬쩍 찔러주면서(nudging) 선생님들이 전학공을 재미있게 적당히 잘 주도하면 좋겠네요. 뭐든지 하려면 제대로 해야죠? 왜 적당히 해요? 연애 안 해봤어요? 밀당이 쉬운 줄 알아요? 학교 안 전학공은 이 정도에서 좀 묵혀놓고 학교 밖으로 좀 나가 보겠습니다.

뭉쳐야 살아남는다

학교 밖 전학공

학교 안에서 카누만 먹다가 이렇게 분위기 근사한 카페에서 카라멜마끼아또 한잔하니 기분이 어떠세요? 부드럽고 달콤해요. 지난 시간에 학교 안에서 운영하는 전문적 학습공동체에 관해서 이야기 나누었는데, 오늘은 학교 밖 전학공에 관해서 이야기해보죠.

관내 ○○초등학교에서 공문이 왔습니다. 혁신학교 2년 차인 ○○초에서 7월 초에 혁신학교 성장 나눔의 날을 운영한다는 공문이었죠. 내용을 보니 학년군 별로 교육과정 관련 주제를 중심으로 분임 토의하며 학교의 성장 이야기를 공유한다는 거예요. 우리 학교는 혁신학교 1년차이고, 저는 혁신부장이에요. ○○초 성장 나눔의 날에 참여할까? 당연하지! 올 해 학교를 옮기면서 혁신학교 업무를 덜컥 맡기는 했지만, 궁금한 것도 많았고 또 교육과정을 특색 있게 어떻게 재구성해서 운영했는지 잘 살펴보면 많은 도움이 될 것 같아요.

선생님은 맡은 업무와 밀접한 관련이 있어서 혁신학교 네트워크에 적극적으로 참여하시네요. 많은 도움 받으면 좋겠습니다. 학교 밖 전학공으로 어떤 것들이 있는지 같이 살펴볼까요?

먼저, 협의회 성격의 전학공으로 교(원)장, 교(원)감 지구장학협의회를 예로 들 수 있습니다. 교(원)장 지구장학협의회는 관내 인근 몇몇 학교를 지구별로 네트워크를 만들어서 한 학기에 서너 번 정도 모이는 자리죠. 협의회에서는 학교별로 교육활동 정보와 어려운 점 등을 공유하고, 해결 방안에 대한 상호 컨설팅이 이루어지고, 또 교육청 담당자가 참여하여 즉각적으로 피드백이 이루어지기도 합니다. 그리고 체험형 연수를 운영하며 교(원)장들 간에 친목을 도모하기도 합니다. 교(원)감들도 비슷한 방식으로 지구장학협의회를 운영하죠. 다만 내용 면에 있어서 인사나 교육과정 등과 같은 실무에 대한 상호 컨설팅이 좀 더 많이 이루어지는 것 같습니다.

제3장 이기적 교사, 그래도 협력하는 학교

네트워크

또 교사장학 네트워크가 있죠. 교사장학 네트워크도 관내 학교를 몇 개의 지구로 나누어서 지구별로 교무부장, 교육과정부장, 생활인권부장 등이 참여하는 네트워크입니다. 지구별로 중심학교를 두고 1년에 네 차례 정도 모여서 교무학사, 학교자치, 특색 있는 교육과정, 학교 간 교육과정 연계, 학교폭력예방교육 등에 관해서 우수사례 공유, 현안에 대한 토의, 토론 등으로 학교 간 도움을 주고받는 좋은 자리입니다. 또 지구별로 예산을 지원하고 있어서 맛있는 체험연수가 이루어지기도 하고, 회의 때마다 자료를 준비하고 협의 내용을 정리하기는 하지만 교육청에서 협의록 제출을 요구하지는 않아 부담은 없는 편인 것 같습니다.

이 이외에도 수석교사 네트워크도 있고, 혁신학교를 중심으로 혁신학교 네트워크, 혁신교육지구 네트워크, 지역혁신교육포럼 등 다양한 네트워크가 운영되고 있습니다. 지금까지 이야기 한 학교 밖 전학공의 공통점이 있습니다. 뭘까요? 교육청이 의도적으로 계획하고 주도하는 고안된 동료적 협력관계의 학교 밖 확장판이네요. 네, 여전히 한계점인 것 같습니다. 이런 거 말고 학교 밖 전학공으로 좀 재미있는 전학공 뭐 없을까요?

교육공동체 공모 연수라고 들어 보셨어요? 역시, 학교 밖 전학공인데요. 어떤 주제에 관심이 있는 선생님이나 교직원들이 함께 모여서 자율적으로 연수를 기획해서 신청하고 승인받으면 그 연수를 역시 자율적으로 프로그램을 함께 연구, 개발하고 실행하면서 역량을 키워가는 연수

진짜 이기적인 교사

입니다. ○○교육청은 교원 역량, 콘텐츠 개발, 정책 역량, 행정 역량, 직무 역량, 마을 교육의 6개 영역으로 공모를 받아서 약 200여 개를 선정해 예산을 지원, 운영하고 있습니다. 좀 획기적인 방식의 전학공이네요. 지난 시간에 이야기한 것처럼 적당히 잘 끌어들여서 잘 밀어주고 슬쩍 찔러주면서 전학공을 지원하는 밀당의 좋은 예가 될 것 같습니다.

무늬만 전학공

학교 밖 전학공으로 여러 구성원들이 다양한 주제와 방식으로 뭉쳐서 서로 도움을 주고받으며 역량을 키워가고 상생하는 모습들이 보기 좋습니다. 하지만 부작용은 늘 있는 법인데 참여하면서 아쉬운 점은 없었어요?

왜, 없겠어요. 제가 작년에 온라인 수업 관련 공모 연수에 참여한 적이 있어요. 서로 다른 학교 선생님들이 30명 정도 모였는데, 가서 보니까 저만 빼고 다들 서로 잘 아는 사이이더라고요. 형, 동생하면서 서로 말도 굉장히 편하게 하고 연수 목적보다는 인맥 쌓는 모임 같았어요. 저는 완전 깍두기였어요. 가도 그만, 안 가도 그만 관심도 없더라고요. 그분들끼리 이미 역할도 다 정해져 있어서 저는 할 일도 없었고 밥만 몇 번 먹고 그만둔 적이 있어요.

무늬만 전학공이고 친목회였네요. 뭉치긴 했는데 연수나 연구를 위한 협력은 하지 않고 예산은 친목회비로 쓰고, 당연히 결과물도 형식적으로 누군가 한두 명이 썼을 것 같은데요. 그냥 '공동체' 수준에 머물고 말았네요. 학교 밖 전학공도 쉽지 않네요… 끌어당기고, 밀어주고 슬쩍 찔러주면 잘 될 것 같았는데 끼리끼리 소국 분할하고 심지어는 학습하지 않는 친목회 공동체 수준으로 전락한 전학공. 이래서 교육청의 행정가들이나 학교 교장(감)들이 전학공을 관리하려고 하는 것인지 모르겠습니다. 다양한 네트워크를 통한 협력에서 한발 더 나아가면 학교자치조례라는 거창한 이름을 내걸고 학생, 학부모, 교직원들의 협력을 이야기하는 제도들도 있습니다. 어떤 이야기인지 같이 살펴볼까요?

진짜 이기적인 교사

협력의 제도화

학교자치기구의 제도화

최근 학생회, 학부모회, 교직원회를 법제화하자는 움직임이 다시 활발합니다. 2020년 6월 모 국회의원이 발의한 '학생회, 교직원회, 학부모회 일괄 법제화' 법률안이, 2021년 6월 현재 국회 교육위 법안심사소위에 계류 중에 있기 때문입니다.[4] 이미 여러 시·도에서 지방 조례를 통해 이들 학교자치기구를 마련하고 있지만, 이제는 법률 차원으로 끌어올려 국가적으로 보장하자는 것입니다. 현재 반대 의견도 만만치 않은 것을 보면,[5] 이들 자치기구를 제도화하는 것에 대한 국민들의 관심이 그만큼 큰 것 같습니다.

이미 아시는 것처럼, 이들 기구는 학생, 학부모, 교직원들이 학교 운영에 참여할 수 있는 장(場)을 통해, 서로의 의견을 공유하면서 유기적으로 협력할 수 있도록 제도적으로 고안된 일종의 협의체 내지 협의를 위한 자치기구입니다. 이것은 서로 다른 학교 구성원의 학교 참여를 제도적으로 보장하기 위한 목적을 가질 뿐만 아니라, 그들 각자의 집단적 의사를 모으고 조율하는 과정에서 수평적, 분산적 협력이 잘 일어날 수 있도록 고안된 것입니다. 학교 구성원의 활발한 참여와 협력을 위해 고안된 장치라고 볼 수 있습니다. 이는 어쩌면 앤디 하그리브스(Andy Hargreaves)가 말한 '고안된 동료적 협력 관계(Contrived Collegiality)'와 유사한 장치처럼 보이기도 합니다. 그는 이를 "좀 더 규제화된 유형의 협력들" 내지 "함께 일하는 형태들에 대해 주목하게 만드는, 공식적이고 구체적인 관료적(제도적) 절차들을 특징으로 한다"고 말합니다.[6]

제도와 문화의 줄타기

그러나 어쨌든 여기서 잠시 의문이 듭니다. 학교 구성원들의 참여와 협력을 꼭 제도화시켜서 강제할 필요까지 있을까요? 구성원들이 자율적으로 결정할 수 있도록 맡기면 안 될까요? 구성원의 참여와 협력은 서로 신뢰하고 배려하는 학교 문화가 성숙하면 자연스럽게 따라오는 것 아닌가요? 실제 언론에서 드러난 반대 의견도 이와 비슷합니다.

"… 각 (학교) 구성원마다 별도의 조직을 법제화할 경우 권리 다툼과 이견에 대한 갈등, 충돌로 학교 혼란이 가중될 우려가 크다. … 학교 운영의 영역마저 법률로써 규율하는 것은 오히려 학교의 자율적 영역을 침해하고 강제하는 것 … 책임은 없고 권한만 부여하는 수평적 분산은 누구도 책임지지 않는 민주주의일 뿐 교육의 책임성 약화로 이어질 수 있다."[7]

학교자치기구의 제도화는 학교의 자율 영역을 침해한다는 의견입니다. 이는 제도로 강제할 영역이 아니라, 문화의 영역이라고 보는 것 같습니다. 그렇다면 여기서 또 다른 의문이 듭니다. 문화와 제도의 관계는 무엇일까요? 무엇이 먼저일까요? 우선 성숙한 문화가 형성된 후에야, 제도가 만들어져야 하는 걸까요? 아니면 제도가 만들어진 후에 비로소 좋은 문화가 형성되는 것일까요?

이런 물음에 대해 하그리브스(Hargreaves)는 "협력적 문화는 저절로 나타나지 않는다. 그것을 만들려면 일반적으로 어느 정도는 의도적인 장치가 필요하고 그것이 꼭 필요할 때도 있다. … 이런 종류의 조치들은 (확실하지는 않지만) 신뢰감이 높은 협력적 문화의 개발 가능성을 높여준다"고 말합니다.[8] 학교에서 그런 장치가 필요할 때는 바로 문화 자체가 형성되지 않은 처음 상태인 경우라고 설명하고 있습니다. '제도가 문화를 견인'하는 역할을 하는 시기가 바로 그 때라고 보는 것 같습니다.[9] 이런 의미에서는 제도가 문화보다 우선한다고 볼 수 있습니다. 실제 2009년 경기도에서 「학생 인권 조례」가 처음 만들어지면서, 그동안 학생 인권을 경시해 왔던 학교 현장에 학생 인권 친화적 문화가 급격히 형성되기 시작했다는 점은 불문가지입니다. 또 2015년에는 경기도에서 「학교민주주의 지수」가 만들어지면서, 지금은 거의 모든 학교에서 이 지수에 맞춰 학교 운영의 방향을 잡고 있다고 봐도 무리가 아닙니다. 제도화가 문화

형성을 견인한 사례들입니다. 그렇다 보니 여기저기서 열심히 제도를 만드는 데만 집중해 온 것은 아닌가 합니다.

그러나 협력의 제도화가 모든 해결책일까요? 특히 하그리브스(Hargreaves)가 말한 '조정된(arranged)' 수준을 넘어 '고안된(contrived)' 수준까지 강제하는 제도화가 과연 학교의 협력적 문화를 형성하는데 보탬이 될 수 있을까요? 물론 그 경계선이 어디인지는 불분명하지만, 분명한 것은 학교라는 공동체 속에 구성원의 '신뢰, 존경, 이해, 상호 존중, 배려'라는 문화적 가치와 요소가 충분치 않으면, 그 어떤 제도라도 살아남을 수 없기 때문입니다. 그런 의미에서 고안된 장치로서 학생회, 학부모회, 교직원회의 법제화 논의와 더불어, 현재 우리 학교 문화가 어느 수준까지 와있는지에 대한 진단이 매우 시급해 보입니다.

진짜 이기적인 교사

조건부 협력

지금까지는 학교 안팎에서 일어나는 선생님들의 협력에 대한 다양한 모습들을 살펴보았습니다. 우리 선생님들이 자발적이고 비공식적인 신뢰 문화 속에서 소국협력을 하기도 하고, 의도되고 고안된 협력의 틀 속에서 네트워킹도 하고 있습니다. 다행히 뭔가를 쟁취하기 위한, 경쟁하기 위한, 인정사정 볼 것 없는 무지막지한 협력의 모습은 아니어서 마음이 좀 편안해집니다.

그렇다면 '경쟁'을 위한 협력도 있다는 말인데요. 우리가 이왕 '협력'에 대해 이야기하고 있으니 죄수의 딜레마 게임이 반복되는 조건부 협력을 공부해 볼까요? 제1장에서 죄수의 딜레마를 이야기했는데, 무엇이 딜레마였죠? 상대방이 혐의 사실을 부인(협조)하건, 자백(배신)하건 나는 자백하는 것만이 살길이었습니다. 반대로 상대방도 같은 전략을 사용하겠죠. 그런데 말입니다. 두 사람이 모두 부인(협조)했더라면 좀 더 가벼운 형벌을 받을 수 있었습니다. 이것이 바로 딜레마였습니다.

품새 : TFT

이런 게임이 여러 번 반복된다면 어떨까요? 우리가 삶 속에서 이기적으로 때로는 이타적으로 수많은 어떤 행동을 선택하며 다른 사람들과 함께 살아가고 있는 그런 모습이지 않을까요? 이런 딜레마를 해결하는 방법으로 『초협력자』의 저자 노왁과 하이필드(Nowak, M. & Highfield, R.)는 '직접 상호성 : 팃포탯(Tit for Tat, TFT. 눈에는 눈 이에는 이)'을 이야기합니다.[10] 지금부터 이야기할 여러 가지 품새가 항상 실전에서 먹히지는 않을 수 있지만, 태극 1장부터 고려, 금강, 태백까지 엄청나게 연습하셨잖아요?

직접 상호성은 쉽게 말하면 '주고받기(Give and Take)'입니다. 내가 너의 등을 긁어 주면, 나는 네가 그 보답으로 나의 등을 긁어 줄 것으로 기대한다는 것이죠. 노왁과 하이필드(Nowak, M. & Highfield, R.)는 양자 간의 주고받기 관계가 반복되는 것을 전제로 그 품새를 다섯 가지 즉 TFT(맞대응), ALLD(항상 배신), GTFT(관대한 맞대응), ALLC(항상 협력), WSLS(승유패변-勝維敗變)로 이야기했습니다.

TFT(Tit for Tat) 팃포탯 전략은 아주 단순합니다. 처음에는 '협조'합니다. 게임이 반복되는 두 번째부터는 상대방의 행동 결과에 따라 맞대응하는 전략으로, 이전에 상대방이 협조했으면 나도 협조하고 상대방이 배신했으면 나도 배신하는 전략입니다.

팃포탯은 명료한 원칙을 가지고 일관된 가치를 추구하면서 따뜻한 배려와 관대한 자세를 견지합니다. 팃포탯은 전략 자체에 녹아 있는 '눈에는 눈, 이에는 이'라는 보복성과 그것이 가지는 '명확성'으로 인해 자칫 '엄격함'과 '무관용'으로 평가될 수 있습니다. 하지만, 팃포탯은 신사적이고, 보복적이며, 관대하고, 명료한 특성[11]들이 중첩되어 있습니다. 팃포탯은 어떤 자극에 대해 과민 반응하지 않는다는 점에서 신사적이고, 상대가 협력하지 않는 태도를 그냥 방치만 하지 않고 분명한 시그널을 보낸다는 점에서 보복적이며, 상대가 한 번 비협력했다고 해서 끝없이 비협력으로 대응하지 않고 다시 협력을 추구한다는 점에서 관대하며, 상대가 예측할 수 있게 함으로써 협력을 끌어낸다는 점에서 명료함을 보입니다. 그래서 팃포탯을 추구하는 사람은 '명확한 원칙주의자'인 동시에 '따뜻한 배려주의자'라고 할 수 있습니다.

학교라는 조직 속에서 '뚝심 있는 온건함'을 실천하는 사람을 우리는 '팃포탯하다'라고 말할 수 있을 겁니다. '그동안 혼자서 이렇게 할까? 저렇게 할까? 고민하며 스트레스받지 말고 진작 팃포탯 할걸'이라고 후회하고 계시나요? 신사적이라잖아요.

ALLD(Always Defect Strategy) 죄수의 딜레마에서 본 것처럼 일관되게 배신하는 것이 우월전략입니다. ALLD는 반복되는 조건부 협력 상황에서 바로 '항상 배신'하는 전략입니다.

학교라는 조직에서는 예외적인 태도이고 극단적인 사례라고 할 수 있을 겁니다. 학교생활은 직·간접적 상호성이 작동하고 있고, 행정적 디자인 자체가 협업을 기반으로 하고 있기 때문이죠. 그런데도, 예외적으로 반대를 위한 반대, 비판을 위한 비판이 있을 수 있습니다. 이는 객관적 사실보다는 주관적 신념에 집착하는 태도로 '보고 싶은 것만 보고, 믿고 싶은 것만 믿는' 편향적 태도와도 연결될 수 있을 겁니다. 이는 원시 카오스나 자연 상태와 같은 질서의 진공 상태와 같은 공간에서 가능할지도 모릅니다.

GTFT(Generous TFT) ALLD만 하다가는 ALL KILL 당하고 말 겁니다. 자연선택에서도 용서의 최적 수준이 있듯 GTFT는 협력에 대해서는 협력으로 대응하지만, 배신에 대해서는 두세 번에 한 번꼴로 랜덤으로 협력이라는 용서로 대응하는 전략입니다. 내가 좀 여유 있으면 미운 놈 떡 하나 더 주잖아요. 그래서 너그러운 팃포탯으로 관대한 맞대응 전략입니다. 로버트 액셀로드(Robert Axelrod)의 팃포탯의 엄밀한 의미 속에는 '관대함'이 녹아 있습니다. 왜냐하면 어떤 이슈에 대해 상대방이 하는 대로 되돌려 주지만, 그 이슈에 한정해서만 되돌려 준다는 점에서 그렇습니다.

학교의 어떤 이슈에 대해 비협력적인 태도로 보였다고 해서 항상 비협력으로 보복하는 것이 아니죠. 그 이슈에 한정하고, 바로 새롭게 다시 시작하는 겁니다. 영원히 비협력이나 배신의 되먹임을 하지 않고 말입니다. 그런데, 여기서 나아가 '너그러운 팃포탯'은 바로 그 즉시 맞대응하지 않고 상대의 비협력에 대해 TF2T, TF3T와 같이 2회, 3회 등 확률적으로 어느 시기까지는 인내하고 용서해 주는 전략이죠. 이는 우리가 학교 생활 속에서 가장 많이 견지하는 '내가 봐준다. 아휴~ 내가 참지'로 표현되는 배신을 협력으로 잉태하는 관대한 태도이기도 합니다.

ALLC(ALL Cooperate Strategy) GTFT처럼 두세 번꼴로 협력하지 않고, 묻지도 따지지도 않고 항상 협력하다가는 어떻게 될까요? 내가 봉이야? 이럴 수도 있지만 길게 보면 착하고 친절한 사람이 이기는 법입니다. 왜냐고요? 서로 용서하고 협력하려는 사람이 많아질수록 그 협력의 결과, 즉 보상도 커질 테니까요. 그래서 ALLC는 친절한 전략, 언제나 협력적인 태도를 말합니다.

학교는 기본적으로 구성원이 함께할 수밖에 없는 구조이죠. 교육과정 운영뿐만 아니라 학생 생활, 체험활동 등 학교 안팎의 모든 구성원이 협력했을 때 학교교육은 그 진가를 드러낼 수 있습니다. 행정적 측면에서도 이미 이와 같은 '고안된 협력'의 구조를 만들어 놓고 있는 것이 현실이구요. 그리고 무엇보다 직·간접 상호성으로 인해 구성원들은 서로 협력하고 지원하는 태도를 기본적으로 가지고 있습니다. 우리는 항상 협력해야 학교 교육력을 더 높이고 학교 구성원 모두가 행복하게 성장할 수 있음을 알고 있습니다. 항상 협력하는 ALLC가 최선의 전략이자 태도임을 우리는 잘 알고 있습니다. 하지만, 아는 것과 행동하는 것의 괴리는 협력자와 비협력자(배신자)가 공존하는 현실에서 우리의 영원한 과제일 겁니다.

WSLS(Win Stay Lose Shift) 승리하면 그대로 패배하면 바꾸기 전략

입니다. 이는 팃포탯이 의미가 있으나 단 한 번의 실수와 잘못으로 인해 보복의 메아리, 배신의 되먹임이 지속될 수 있어 '승유패변(勝維敗變)'의 전략이 등장합니다. 자칫 팃포탯이 상대가 비협력하면 바로 비협력을 처방함로써 좋은 관계를 회복하고자 시도하지 않을 수 있습니다. 하지만, WSLS는 이럴 경우에도 협력하고 보다 나은 관계를 회복하고자 시도할 수 있다는 점에서 필요한 전략이라고 할 수 있겠지요.

좋은 놈이었다가 나쁜 놈이었다가 왔다 갔다 할 수 있습니다. 예를 들면 이렇습니다. 1) 지난번에 둘 다 협력했다면, 이번에 나는 협력할 것이다(지난번에 둘 다 만족하니까 전략을 유지한다). 2) 지난번에 둘 다 배신했다면, 이번에 나는 협력할 것이다(지난번에 둘 다 만족하지 못하니까 전략을 바꾼다). 3) 지난번에 상대방은 협력했고 나는 배신했다면, 이번에 나는 다시 배신할 것이다(지난번에 이겼으니까 같은 전략을 유지한다). 4) 지난번에 상대방은 배신하고 나는 협력했다면, 이번에 나는 배신할 것이다(지난번에 졌으니까 전략을 바꾼다).

어쨌든 반복되는 조건부 협력에서 이런 전략들은 구성원들의 특성과 그 집단의 문화에 따라 다양한 방식으로 순환해서 등장할 겁니다. 이를테면 이런 거죠. 구성원에게 항상 협력하고 지원하는 ALLC에서 TF2T, TF3T와 같이 바로 상대의 행동에 바로 대응하지 않고 조금 더 관대한 GTFT를 거쳐 상대방의 행동 전략에 따라 맞대응하는 TFT로 향합니다. 이후 계속되는 비협력과 착취에 대해 참지 못하고 결국 폭발하면 필연적으로 매번 비협력하는 태도인 ALLD가 지배하는 지점으로 돌아가게 될 겁니다. 비협력의 되먹임, 보복의 메아리가 울려 퍼지는 상황이 되는 거죠. 물론 이 상황이 가지는 보복과 응징이라는 원시성을 제어하기 위해 '승리하면 지키고, 잃게 되면 전환하는' 승유패변의 전략인 WSLS가 이 (악)순환의 고리에서 협력의 시간을 좀 더 늘릴 수 있겠지만 결국 배신의 재등장을 막기는 쉽지 않을 겁니다.[12]

실전 : 반복과 평판

게임이 반복되는 죄수의 딜레마에서는 취할 수 있는 전략은 두 가지죠. 하나는 '조건부 협력'이고, 다른 하나는 '끝까지 협력하지 않는' 태도가 그것입니다. 이 경우 게임이 반복될 확률이 높아지면 비협력에 대한 상대방의 보복이 따르기 때문에 결국 협력하게 됩니다. 이는 아래 그림에서 볼 수 있는 미국 진화생물학자 로버트 트리버스(Robert Trivers)가 명명한 '직접 상호성('상호적 이타성')이라는 상황을 말합니다.

같은 학교에서 같은 기간에 근무하는 교직원과 학교 구성원의 경우가 이에 해당할 것입니다. 언제든 다시 볼 수 있어 자신에게 협력하지 않는 대상에 대해 처벌(보복)이 가능한 상황인거죠. 이런 견해에 따르면 협력이라는 행위는 이기적인 동기에 따른 합리적인 계산 그 이상도 이하도 아닌 겁니다. 여기서는 '조건부 협력'(TFT)과 '승유패변'(WSLS)의 전략이 적용될 수 있습니다.

앞서 살펴본 것처럼, 학교에서의 삶은 이미 구성원 간의 협력이 기본적으로 세팅되어 있습니다. 행정적 협력, 제도적 협력으로서의 고안된 동료협력 체제가 작동합니다. 그럼에도 협력과 비협력은 구체적 삶 속에서 명시적이든 암묵적이든 공존하고 있지요. 극단적인 비협력적 태도(무임승차자)를 보이는 단 한 명의 학교 구성원으로 인해 학교문화 전체가 내상을 입기도 하구요. 이런 구성원은 동료의 시선에 아랑곳하지 않고 자기중심적인 태도로 일관합니다.

직접 상호성이 상품의 즉각적인 교환에 입각한 물물교환 (barter economy)이라면, 간접 상호성은 화폐와 같은 기능을 합니다. 즉, 자기와 교류했던 어떤 사람에 대한 전인격적 평가를 화폐처럼 유통시키는 상황을 말합니다. 이를 '평판(reputation)'이라고 하죠.

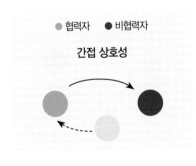

옆의 그림처럼 어떤 사람이 협력자라는 것을 학교 사회가 알게 된다면, 미래에 누군가 그 사람을 도와줄 확률이 높아지게 되죠. 아마도 학교를 옮길 시즌이 되면 서로 초빙하려고 할 것입니다. 학교에서 자신에게 직접적으로 영향을 미치는 사건에 대해 강하게 반응하지만, 주변 동료들의 문제에 대해서도 깊은 관심을 보이는데 이는 주로 뒷담화(gossip) 형태로 나타납니다. 학교는 하나의 삶의 터전이자 공간

진짜 이기적인 교사

으로 활동의 범위와 인적 네트워크로 밀접하게 연결되어 특히 뒷담화가 많은 집단이기도 합니다. 따라서 평판의 힘이 직접 상호성 이상의 의미를 지니는 곳이기도 하지요.[13] 그래서 이 힘이 학교 공간 속에서 구성원 간의 협력의 커다란 동력임은 주지의 사실입니다.

이처럼 간접 상호성은 상당한 인지적 수준(cognitive demands)을 요구합니다. 자신의 상호작용을 기억해야 할 뿐만 아니라 변화무쌍한 집단의 사회적 네트워크에 대한 모니터링이 필요하기 때문이죠. 이때 언어는 관련 정보를 얻거나 험담을 퍼트리는데 중요한 수단입니다. 이러한 기제는 한 집단의 도덕성과 사회규범의 진화를 가져옵니다. 이는 다른 사람의 평판을 잘 알 수 있는 투명한 사회일수록 협력이 잘 일어난다는 것을 의미하기도 합니다.

'협력' 다시 생각하기

학교에서 선생님들이 협력하는 모습과 또 이론적인 조건부 협력에 대해서도 살펴보았습니다. '협력'에 대해서 이야기하면 할수록 어려운 것이 '협력'인 것 같습니다. 우리가 협력을 기계적인 분업 수준의 피상적인 협력으로만 생각하기도 했고, 협력하는 이유보다는 협력하는 방법과 내용에 관해서만 이야기한 것 같기도 합니다. 도대체 협력은 왜 하는 것일까요? 우리가 살아가는 존재인 한 협력은 우리의 삶과 밀접한 관련이 있을 텐데요. 이 장을 마무리하면서 우리의 삶과 관계된 '협력'을 다시 생각해보면 좋겠습니다.

갈탄광 vs 포도주

학교는 구성원이 공동의 목표를 달성하기 위해 함께 살아가는 곳입니다. 협력은 다수가 힘을 합하여 서로 돕는 것으로 '살아가는 방식'을 말합니다. 그래서 학교는 구성원들이 그들의 삶 속에서 함께 도움을 주고받으면서 살아간다는 의미를 갖습니다. 이처럼 학교라는 조직에는 협력이라는 가치가 붙박여 있는지도 모릅니다. 메를로 퐁티(Merleau Ponty)는 그의 유작(遺作)『보이는 것과 보이지 않는 것』에서 "보이는 것은 보이지 않는 것의 드러남이며, 보이지 않는 것은 보이는 것의 깊이다"라고 했습니다. 그러면서 "의미는 보이지 않는 것에 있다"고 덧붙였습니다. 나뭇잎의 흔들림은 보이는 것입니다. 나뭇잎이 흔들리며 소리를 내는 것을 통해 우리는 '바람'이라는 '보이지 않는 것'을 인지하게 됩니다. 그렇다면 학교에서의 협력도 '보이는 것'과 '보이지 않는 것'의 문제로 치환해서 생각해 볼 수 있지 않을까요? 니코스 카잔자키스(Nikos Kasantzakis)의 『그리스인 조르바』 프롤로그에는 '함께 산다는 것'의 의미를 생각할 수 있는 대목이 하나 있습니다. 저자가 크레타 섬에서 조르바와 함께 갈탄광을 찾아다니며 경험했던 수많은 삶의 장면을 생각하며 서술한 내용입니다.[14]

"갈탄광을 찾는다는 실용적인 목표는 단지 세상 사람들의 눈을 속이기 위한 것임을 우리 둘 모두 잘 알고 있었다. 우리는 어서 해가 저물어 광부들이 집으로 돌아간 뒤에 우리끼리 모래사장에 식탁을 차려놓고는 시골풍의 맛있는 음식을 먹고 크레타의 시큼하고 떨떠름한 포도주를 마시며 대화를 나누기만을 기다렸다."

155

제3장 이기적 교사, 그래도 협력하는 학교

'협력 없이 학교는 변화하기 어렵다, 협력 없이 학교 구성원이 행복하기 어렵다'는 말들이 그렇다면 우리가 말하는 '협력'과 '행복'은 갈탄광을 찾는 것처럼 겉으로 드러나는('보이는') 실용적(형식적, 표면적)인 수준에서 이야기할 수 있는 목표[15]일까요? 아니면 포도주 마시며 대화 나누기처럼 겉으로 잘 드러나지 않는('보이지 않는') 인간적(일상적, 내면적)인 수준까지를 포함하는 목표[16]일까요? 물론 현실에서는 이 두 가지의 경계가 명확하지 않을 수 있습니다.

카잔자키스(Kasantzakis)에게 있어 갈탄광을 찾는 일은 그 자체로 성취감을 느끼고, 삶의 참맛을 찾을 수 있는 일이 아니었습니다. 그것은 또 다른 삶을 위해 어쩔 수 없이 해야 하는 일이었습니다. 그 일은 온전한 자신을 만나기 어려운 것으로 일종의 수단이었던 것입니다. 다시 말하면, '나다움'을 통해 마음껏 자유를 누릴 수 있는 영역이 아니라는 겁니다. 일과 삶의 소외가 있는 임시 거처였을 뿐이었고, 정말로 살고 싶은 삶의 거처는 자유로운 영혼 조르바와 함께 포도주를 마시며 대화하는 것이었습니다.

포도주를 찾아서

어쩌면 우리에게 학교도 물리적 시간으로는 하루 대부분을 차지하지만, 때론 머물고 싶지 않은 공간인지도 모릅니다. 교사협력, 집단지성, 생활협약, 전문적 학습공동체 등 학교 안 사회적 자본을 위한 활동은 넘쳐나지만, 실제로는 갈탄광을 찾는 일에서 협력이 멈추고 있는 것은 아닐까요? 교사는 교사대로, 학부모는 학부모대로 학교를 통해 얻고자 하는 바를 위해 진정성이 없는 형식적 협력을 하며 살아가기도 합니다. 교사는 학교가 내세우고 있는 현실적 목표를 중심으로 교사 개인의 자질, 경험, 교수 능력을 중심으로, 학부모는 내 아이의 성장과 진로 개척을 위한 욕망을 중심으로 학교에 요구하고, 동시에 학교의 요구에 부응하면서 함께 살아가는 것입니다.

하그리브스와 풀란(Hargreaves, A. & Fullan, M.)이 말하는 학교를 바꾸는 원동력으로서 '사회적 자본', 즉 학생의 성장, 교수-학습에 관한 학교 구성원 간의 대화와 상호작용은 신뢰와 친밀감에 기반을 두지만 깊고 도전적인 대화에 기반 하는 층위까지 나아가야 가능한 영역입니다. 그것은 형식적이지 않고 일상적인, 표면적이지 않고 내면적인 협력에서 출발하며, 실용적인 것을 넘어 인간적인 것에서 완성되는 협력의 지점을 의미하기 때문입니다. 그렇다면 일과 삶에서의 소외가 엄연히 존재하는 임시 거처로서의 학교, 개인주의와 자기중심주의가 작동하는 학교 안에서 편안하고 안전한 협력을 넘어 진솔하며 도전적인 협력으로까지 나아가야 하지 않을까요?

네, 바로 이런 이야기를 다음 장에서 진짜 이기적 교사 부분에서 해보려고 합니다. 우리는 지금까지 각자도생하는 학교에서 협력하지 않는 이기적인 교사의 모습, 이기적이지만 자발적으로 비공식적인 신뢰 문화를 만들어 협력하며, 의도된 협력 시스템 속에서 협력하려고 노력하는 우리 선생님들의 이야기를 같이 고민해보았고 또 '협력'에 대해 다시 생각해 보았습니다.

제3장 이기적 교사, 그래도 협력하는 학교

다음 제4장에서는 우리 선생님들이 가지고 있는 훌륭한 전문적인 지식과 기술로서의 인적자본이 신뢰하는 학교문화라는 사회적 자본 위에서 서로 끌어들이고, 밀어주고, 슬쩍 옆구리 찔러서 협력이 학교 안팎에서 확장되는 새로운 학교문법을 써 보겠습니다.

■ **최후통첩 게임과 신뢰 게임 : 과연 인간은 이기적인가?**[17]

그동안 인간의 행동 심리를 게임을 통해서 알아보려는 많은 시도들이 있었습니다. 우선 1982년 독일의 경제학자 베르너 귀트(Werner Güth)가 고안한 최후통첩 게임(Ultimatum game)이 있는데요. 이 게임은 A와 B가 나눠 가질 총 금액이 정해져 있고, 총 금액 중 일부 금액을 A가 제안하면 B가 이를 받아들일지 말지를 결정하는 방식으로 진행됩니다. 이 게임은 1986년 심리학자 다니엘 카너먼(Daniel Kahneman)과 동료들에 의해 독재자 게임(Dictator game)으로 발전되었습니다. 이 게임은 첫 번째 사람이 돈을 얼마를 주든지 두 번째 사람은 거절할 수 없도록 하는 조건, 즉 상대방의 눈치를 볼 필요가 없다는 조건이 붙어 있다는 차이가 있습니다. 이처럼 최후통첩게임에서 합리적인 결정은 제안된 몫에 상관없이 두 번째 사람이 제안을 수락하는 것입니다. 즉, 인간은 합리적인 선택을 한다는 경제학의 입장에서 최후통첩게임의 결과를 생각한다면 몫을 제안받은 사람은 이 제안을 거절할 하등의 이유가 없습니다.

또한 최후통첩 게임과 유사한 것으로 미국 아이오와대 경영대학 조이스 버그(Joyce Berg)교수가 고안한 신뢰 게임(Trust game)이 있습니다. 최후통첩 게임과 마찬가지로 제안자 A는 응답자 B에게 돈을 자기 마음대로 나누어줄 수 있습니다. 그런데 A가 일정한 금액을 B에게 주겠다고 선언하면 B에게 그 금액이 그대로 가는 것이 아니라, 해당 금액의 3배 만큼 가게 됩니다. 그렇다면 A와 B가 전혀 모르는 생면부지의 관계일 경우 사람들은 과연 어떤 선택을 할까요?

여러분이 주변 동료들과 함께 직접 최후통첩 게임, 독재자 게임, 신뢰 게임에 직접 참여해 보고, 이를 통해 느낀 소감 등을 함께 이야기해 봅시다.

■ **[Round 1] '최후통첩 게임'에 참여하기**

- 게임에는 제안자 A와 응답자 B가 참여합니다.
- 제안자 A에게는 10,000원이 지급되는데, 이 때 돈을 어떻게 나눠 가질지에 대해서는 A가 결정합니다.
- A가 10,000원에 대한 분배안을 제안하면, B는 그 제안을 수락하거나 거절할 수 있습니다.
- B가 제안을 수락한다면, 참가자들은 A가 제시한 비율에 따라 돈을 나누어 가질 수 있습니다.
- 하지만 만약 B가 A의 제안을 거절한다면, 참가자들은 아무도 돈을 받을 수 없습니다.
▶ 게임에서 A는 제안을 한 번만 할 수 있으며, 철회하거나 번복할 수도 없습니다.

■ [Round 2] '독재자 게임'에 참여하기

- 게임에는 제안자 A와 응답자 B가 참여합니다.
- 제안자 A에게는 10,000원이 지급되는데, 이 때 돈을 어떻게 나눠 가질지에 대해서는 A가 결정합니다.
- A가 제안한 금액을 응답자 B는 무조건 받아야 하고 거절할 수 없습니다.
  ▷ 이 게임에서 B에게는 거부권이 없고, 그냥 A가 나눠주는 대로 금액을 받아야 합니다.

■ [Round 3] '신뢰 게임'에 참여하기

- 게임에는 제안자 A와 응답자 B가 참여합니다.
- 제안자 A에게는 10,000원이 지급되는데, 이 때 돈을 어떻게 나눠 가질지에 대해서는 A가 결정합니다.
- 그런데 제안자 A가 일정한 금액을 B에게 주겠다고 선언하면, 응답자 B에게 그 금액이 그대로 가는 것이 아니라 해당 금액의 3배 만큼 가게 됩니다.
- B는 그 금액을 모두 가져도 되고, 보답의 마음으로 일정 금액을 제안자 A에게 되돌려 줄 수도 있습니다.
  ▷ 이 게임에서 A와 B는 서로 얼굴도 한 번도 본 적이 없는 관계이어야 합니다.

■ 결과 활용 Tip

최후통첩 게임 실험에서 제안자들은 평균적으로 40~50%에 해당하는 금액을 응답자에게 건네주었고, 제안된 금액이 20%에 미달하는 경우 응답자들은 그 제안을 거부하는 경우가 많았다고 합니다. 이를 통해 인간이 경제적 합리성만큼이나 분배의 공정성을 중요하게 생각하고 있다는 점을 확인할 수 있습니다.

독재자 게임 실험에서는 놀랍게도 A가 독재자가 되더라도 100:0이나 그에 가까운 극단적 분배를 하지 않는 경향을 보였다고 합니다. 게임 참가자들은 평균 70~90% 정도를 자신에게 할당했다는 점에서 볼 때, 주류 경제학에서 가정하는 합리적이고 이기적인 경제인의 행태라고는 볼 수 없는 모습을 보여준 것입니다.

신뢰 게임 실험에서도 대부분의 제안자들은 한 번도 본 적이 없는 응답자를 믿고 10,000원 중 70~80%를 나눠주었다고 합니다. 또한 응답자 역시 상대방의 호의적인 제안에 대해서 호의로 답했다고 하는데요. 이를 통해 신뢰는 서로 주고받으면서 확장된다는 사실을 확인 가능합니다.

위의 게임을 통해서 볼 때, '인간은 이기적이지 않다'는 생각을 갖게 됩니다. 즉 인간은 단순히 혼자만의 이득을 극대화하는 것이 아니라, 공정성과 상호 이득, 상호 신뢰를 염두에 두고 행동을 결정한다는 점이 중요합니다.

Notes

1   애덤 그랜트 (2013). 윤태준 역. 기브 앤 테이크. 서울: 생각연구소.

2   앤드 하그리브스와 마이클 풀란(2014). 진동섭 역. 교직과 교사의 전문적 자본 : 학교를 바꾸는 힘. 교육과학사.

3   앤드 하그리브스와 마이클 풀란(2014). 진동섭 역. 교직과 교사의 전문적 자본 : 학교를 바꾸는 힘. 교육과학사.

4   "학생·학부모·교직원의 동등한 학교참여 보장하는 법적 근거 마련"(시사뉴스 2020. 6.21.자); "통보만 받던 학생들, 학교 운영 참여, '학생회 법제화 시동'"(오마이뉴스 2021. 6.3.자)

5   "학교 자율 침해·구성원 간 다툼 우려"(한국교육신문 2020. 7.15.자)

6   앤드 하그리브스와 마이클 풀란(2014). 진동섭 역. 교직과 교사의 전문적 자본 : 학교를 바꾸는 힘. 교육과학사. pp.206-208에서 재인용

7   "학교 자율 침해·구성원 간 다툼 우려"(한국교육신문 2020. 7.15.자)

8   앤드 하그리브스와 마이클 풀란(2014). 진동섭 역. 교직과 교사의 전문적 자본 : 학교를 바꾸는 힘. 교육과학사.

9   하그리브스는 그런 제도와 장치를 '고안된 동료적 협력 관계(Contrived Collegiality)'와 대비된 개념으로, '조정된 동료적 협력 관계(arranged collegiality)'라고 부릅니다. 즉 '고안된(contrived)' 장치는 '조정된(arranged)' 장치보다 외부적 압력과 강제성이 훨씬 강하고, 학교 공동체에 긍정적인 영향보다는 부정적인 영향을 더 크게 미치는 것으로 봅니다. 그래서 이를 '강제적 동료적 협력 관계'로 바꿔 부르기도 합니다(앤드 하그리브스와 마이클 풀란(2014). 진동섭 역. 교직과 교사의 전문적 자본 : 학교를 바꾸는 힘, 교육과학사. 208-209).

10 마틴 노왁과 로저 하이필드(2012). 허준석 역. 초협력자. 서울 : 사이언스북스.

11 로버트 엑셀로드(2009). 이경식 역. 협력의 진화 : 이기적 개인의 팃포탯 전략. 시스테마. p.78

12 마틴 노왁과 로저 하이필드(2012). 허준석 역. 초협력자. 사이언스북스. p.95

13 손용석(2015). 노왁(Martin A. Nowak)의 〈협력 진화의 5가지 법칙〉 탐구. 협동조합네트워크(68). pp.125~147

14 니코스 카잔자키스(2018). 유재원 역. 그리스인 조르바. 문학과 지성사.

15 실용적, 공식적 협력은 'collaboration'으로 대부분 공식적인 관계의 영역과 관련되며, 학교 공동의 목적을 위해 '실제 일하는 것(actually working)'으로 볼 수 있다. 하그리브스는 이를 편안하고 안전하며 부담이 없는 고안된 형태의 협력(절차와 프로토콜이 정교하게 마련된 협력)이라고 말한다.

16 일상적, 인간적 협력은 'collegiality'는 지적, 도덕적, 정치적, 사회적 또는 감정적인 맥락 아래 어떠한 수준에서라도 학교 구성원과 함께 하는 '몰입(involvement)'을 강조하면서 학교 조직에서 전문적이고 사회적인 상호작용 모두를 아우르는 것으로 볼 수 있다. 하그리브스는 이를 진솔하고, 허심탄회한 때론 깊고 도전적인 그러나 여전히 무례하지 않는 대화에 기반한 협력이라고 말한다.

17 '최정규(2019). 이타적 인간의 출현. 뿌리와 이파리'와 '이영탁·손병수(2019). 당신의 미래를 던지는 빅 퀘스천 10. 한국경제신문(한경비피)'에서 참고하였음.

진짜 이기적 교사, 협력의 가치로 학교 문법을 다시 쓰다

지금까지 우리는 학교에서 유연한 협력이 잘 이뤄지지 않는 이유, 그리고 협력적 모습과 이타적 행동의 이면에 가려진 진짜 이유와 다양한 환경적 여건들을 살펴봤습니다. 이는 어찌할 수 없는 인간 실존의 단면처럼 보입니다. 그래서 당연하고, 지극히 자연스러운 양상처럼 보입니다.

그런데도 우리는 더 유연한, 더 수준 높은 협력을 꿈꿉니다. 앞에서 보았던 '최후통첩 게임', '독재자 게임', '신뢰 게임'에서 볼 수 있듯이 우리는 완전한 계산에만 의존하지 않습니다. 따뜻한 정서에 기초해 행동하기도 합니다.

학생에 대한 깊은 애정, 학부모와 맺은 굳건한 신뢰, 동료교사로 향한 따스한 시선, 교장과 주고받는 공감과 지지, 다양한 학교 구성원 간의 차별하지 않음, 그래서 학교공동체라는 따뜻하고 정의로운 울타리를 꿈꿉니다.

어쩌면 이것이 한 인간이자 교사로서, 진짜 실존적 모습이 아닐까 하는 기대 때문입니다. 이 장에서는 이기성과 이타성의 경계를 허물 수 있는 진짜 이기적 교사의 모습을 찾아보고, 모두 함께 그런 모습에 한 발짝 더 다가갈 방법들을 깊이 고민하며 협력적 가치를 담은 새로운 미래 학교문법을 살펴보고자 합니다.

협력의 걸림돌 치우기

"이렇게 말하면 괜히 잘난 척하는 것은 아닐까?"

"이렇게 행동하면 괜히 나만 손해 보는 것은 아닐까?"

"이렇게 나섰다가 그 업무가 모두 내 일이 되는 것은 아닐까?"

다른 사람에게 이야기하지는 않지만, 위의 질문과 같은 불안과 두려움으로 우리는 자기 검열을 합니다. 그래서 어떤 문제에 대해 분명한 자기 생각이 있어도 말하지 않고, 행동으로 바로 연결하지 못하기도 합니다. 결국 이야기의 장(場)이 열려도 이런 불편함이 지배적 정서가 되면 구성원 상호 간의 개방적 토론과 일시적 부동의(비판적 논쟁), 전문적 비평이 활발하게 이루어지지 않지요. 앞 장에서 우리는 이를 '실존적 불안'이라 했고, 이 지점이 유연한 협력의 리듬을 만들어내는 데 최대 걸림돌로 작용함을 살펴보았죠.

협력은 정서의 문제인가?

살면서 어느 순간에 가장 큰 마음의 상처를 받으세요?

'손해보고 있음', '차별당하고 있음', '공정하지 않음', '소외받고 있음'을 직감할 때가 아닙니까? 정서나 감정에 적잖은 내상을 입는 순간이죠. 최후통첩 게임, 독재자 게임, 신뢰 게임에서 볼 수 있었듯이 우리는 단순히 혼자만의 이득을 극대화하는 것이 아니라, 공정성과 상호 이득, 상호 신뢰를 염두에 두고 행동을 결정합니다. 조직 속 상호 간의 행동에는 차가운 계산만 있는 것이 아니라 훈훈한 정서가 함께 하는 것이죠.

훈훈함, 편안함은 협력에서 변수가 아닌 상수겠죠. 유연한 협력의 리듬을 통한 '전문적 협력'은 일차적으로 정서적 유대라는 '심리적 안전판'이 있을 때 작동할 겁니다. 그래서 내 말이 설령 어눌하고, 내 행동이 조금 서툴러도, 내 의도에 약간 결함이 있더라도 동료들이 고개를 끄덕이며 수용해주는 분위기, 바로 그런 것 말입니다. 이는 아시는 바와 같이 정서의 영역이죠. 그렇다고 해서 협력이 개인적 친분이나 유대만으로 작동하는 것은 물론 아닙니다. 그것은 다음 절에서 다시 논의를 이어가겠습니다.

친분과 유대를 중심으로 한 '관계성'과 가치와 의미를 중심으로 하는 '동료성' 사이의 최적의 지점(sweet spot)이 구성원 간의 수용적이고 개방적인 분위기를 만들어 낼 수 있는 공간이겠죠. 대립물의 조화나 통일은 관념에서나 가능할까요? 우리는 그 최적 지점을 찾을 수 있을까요?

두려움, 불편함, 외로움과 같은 존재론적 불안은 정서의 영역입니다.

진짜 이기적인 교사

정서의 문제는 더 강한 또 다른 정서로 극복할 수밖에 없다는 것을 우리는 이미 알고 있습니다. 그것은 구성원 간 가치의 공유, 비전의 공유 등을 통한 '공동의 의미'를 만들어 낼 때 가능할 겁니다. 학교의 현재 모습을 재생산하고, 학교의 현재 문화를 재문화화 하는 방식에서 벗어날 필요가 있습니다. 공동의 가치와 비전을 기초로 우리의 이야기를 만들기 위해 도전하고 실천하면서 우리가 성장하는 모습을 상상하는 방식[1]으로 말입니다.

협력은 태도의 문제인가?

"이런 말을 하면 동료와의 좋은 관계가 깨지는 것은 아닐까?"
"이런 상황에서 나의 말과 태도가 어눌하게 보이는 게 아닐까?"

위와 같은 자문(自問)은 정서의 문제와 연결되기도 하지만, 타자와의 관계 속에서 내가 어떤 가치를 지향하느냐 하는 '태도의 문제'이기도 합니다.

일반적으로 우리는 이야기 상황 속에서 말하는 사람의 '메시지'보다는 '태도'에 관심을 가지게 됩니다. 말재간이나 말솜씨와 같은 형식, 표정이나 몸짓과 같은 비언어적 태도도 중요하지만, 그것보다 소통을 위해서는 말의 행간과 이면에 스며들어 있는 말 하는 사람의 의도와 사유, 성찰을 읽어낼 필요가 있지 않을까요? 그런데 우리는 소통의 과정에서 자꾸 거꾸로 가는 경우가 많죠. 이것도 우리의 완벽주의에서 비롯된 거라고 봅니다.

학교를 바꾸는 원동력으로서 '사회적 자본', 즉 학생의 성장, 교수-학습에 관한 학교 구성원 간의 대화와 상호작용은 신뢰와 친밀감에 기반을 두지만, 더 깊고 도전적인 대화의 층위까지 나아가야 가능한 영역입니다. 이런 층위까지 갈 수 있다면 이내 '형식이나 태도의 문제'는 사소한 문제로 여겨질 겁니다. 더 중요한 것은 동료와 함께 지속적으로 사유하고 성찰하면서 끊임없이 송출하는 '우리의 메시지'입니다.

협력하는 방식(상호작용)의 문제인가?

협력적 상황과 경쟁적 상황, 이 두 상황을 명확하게 구분할 수 있을까요? 어떤 집단에서든 이 두 상황은 일상적으로 드러나죠. 요즘은 여기에 덧붙여 '적대적 상황'을 넘어 '혐오적 상황'도 있습니다.

'협력의 모습'보다 '혐오의 양상'을 목격하기 쉬운 게 우리의 일상이 되어버린 느낌입니다. 지금 우리의 삶은 협력(cooperation), 경쟁(competition), 적대(confrontation)라는 3C를 넘어 혐오(disgust)의 양상까지 보이고 있지요. 그런데 우리는 협력을 이타성으로 연결하고, 혐오는 제외하더라도 경쟁과 적대를 이기성으로 환원하여 이들 개념을 연속선상에 있는 짝개념(counter concept)으로만 알고 있습니다.

혐오는 자신의 내적인 영역의 '정서'와 외적인 대상에 대한 '태도'가 겹쳐진 감정이라는 것도 알고 있습니다. 그런데, 가만히 들여다보면 우리의 삶은 이기성과 이타성이 공존하거나 중첩되어 있는 상황이죠. 앞 장에

진짜 이기적인 교사

서는 이를 현명한 이기주의, 애매한 이기(타)주의라고 언급했었지요. 그렇다고 협력은 무조건 최고선이고, 경쟁과 적대를 무조건적 악으로 보면서 이를 대립적으로만 생각하는 것은 지금 상황에서 유효한 인식이 아닐 수 있습니다.

협력과 경쟁의 이분법을 넘어 : '협력형 경쟁(co-opetition)'으로~

협력의 상황 속에는 경쟁이 없고, 경쟁의 상황 속에는 협력이 들어서지 못할까요? 이처럼 협력과 경쟁을 칼로 무 썰 듯 할 수 있을까요?

그런데 사실은 협력 상황 안에도 경쟁이 있고, 경쟁 상황 속에도 협력이 있어야 합니다. 이 두 가지의 양상이 결합되어 있어야 정상입니다. 온전히 협력적 상황은 지속성이 없으며, 온전히 경쟁적인 상황은 창조성을 잃게 되기 때문이죠.

우리의 일상은 협력 속 경쟁, 경쟁 속 협력이라는 코피티션(co-opetition) 상황[2]입니다. '협력형 경쟁', '경쟁형 협력'은 그저 말장난이 아닌 것이죠. 안전함과 편안함을 추구하는 것이 결코 협력이 가지는 편익의 전부일 수는 없습니다. 하지만, 협력적인 학교는 교육력을 높이고, 교사의 전문적 성장과 성취를 위한 풍부한 기회를 마련하기 위해 다른 학교보다 더 잘 준비되어 있을 수 있습니다. 더욱이 협력적인 학교는 교사의 실패와 실존적 불안을 부인하거나 은폐하지 않고 외려 동료들 사이에서 공유하고 적극적으로 논의합니다. 이렇게 '코피티션'의 관점으로 보면 '세상에서 가장 슬픈 성공이 옆 반 담임의 성공'이 아니라, '옆 반 담임의 성공은 내가 성공할 수 있는 전제 조건'인 셈입니다. 마찬가지로 옆 학교의 성공이 우리 학교 성공의 전제 조건일 수 있듯이 말입니다. 다음과 같은 사례가 될 겁니다.

> 런던 해크니 자치구는 경쟁하는 학교의 교장들이 교육적 성과를 높이기 위해 서로 협력하도록 협약을 체결하고 문화적으로도 기대함으로써, 학군의 교육적 성과를 영국 내의 최악에서 전국 평균 이상으로 높였습니다. 특정 학교뿐만 아니라. 그 결과 모든 학교의 성과가 향상되었고 학부모는 자녀를 다른 학군으로 보내는 것을 중단했으며, 대신 자신의 지역 사회에 있는 학교를 전폭적으로 지원하기로 약속했습니다.

이런 성공 스토리는 우리 마을, 우리 지역에서도 얼마든지 만들어 낼 수 있을 겁니다. 협력의 걸림돌을 치우기 위해 우리 모두 앞에서 끌고 뒤에서 밀며 옆에서 옆구리를 슬쩍 찌르기만 한다면, 누가, 우리 모두가 함께 말입니다.

학교 안에서의 전문적 협력과 마찬가지로 학교 간의 협력은 다수의 플레이어가 일상적으로 벌이는 죄수의 딜레마 게임입니다. 앞에서 말했듯이 이는 '논-제로섬(non-zero sum) 게임'입니다. 그런데, '이기거나 아니면 지는' 제로섬 게임인양 서로 불신하고, 자기중심적으로 행동하면서 상호 간에 두려움과 질투가 넘쳐납니다.

이것이 바로 우리들의 실존적 불안이고, 근본적인 협력의 걸림돌이라고 말했었습니다. 사람들은 당장 눈앞에 보이는 비교 기준에 의존하는 경향이 큽니다. 이 기준은 보통 상대방이 거둔 성공들입니다. 이와 같은 비교는 곧바로 질투로 이어지게 마련이죠. 그리고 질투는 상대방이 거둔 성공을 깎아 내리려는 시도로 이어집니다. 결국 배신을 하는 수밖에 없게 됩니다.

질투는 스스로를 성장하지 못하게 합니다. 매 게임을 모두 상대보다 잘해야 할 필요가 없습니다. 일상적으로 반복되는 죄수의 딜레마 게임에서는 상대방의 성공이 사실상 내가 성공을 거두기 위한 전제임을 '협력형 경쟁'은 보여주고 있는 것입니다.

수직적, 위계적, 행정적인 차원이 아닌 수평적인 동료 대 동료(peer to peer)차원에서 어떻게 변화와 협력을 이끌어 내고 작동하게 할 수 있을까요? 가능합니다. 우리는 가치나 의무를 추구하는 또 다른 욕구를 가지고 있기 때문입니다. 흥미로운 작업에 참여하려는 영감과 동기로 서로를 끌어당기고 서로를 계속해서 밀어 붙이는 것이 바로 우리입니다. 함께 더 높은 수행 기준을 상상하면서 협력과 경쟁을 결합하려는 창의적인 시도를 우리는 즐겁게 계속 진행할 겁니다.

'협력형 경쟁' : 무조건 협력 vs. 조건부 협력

선물과 뇌물의 차이, 아시죠?

'선물'이 진짜 '선물'이 되기 위해서는 선물을 준 사람이 주었다는 사실조차 잊어버리는 거라고 하죠. 불가에서 말하는 무주상보시(無住相布施)처럼 말입니다. '내가' '무엇을' '누구'에게 베풀었다는 생각이나 기억이 있는 한 그 보시는 진정한 보시가 아니라고 합니다. 협력의 작동 방식도 이와 마찬가지겠지요.

앞 장에서 논의한 것처럼 협력에도 '무조건 협력'과 '조건부 협력' 두 가지가 있겠죠. 무조건 협력은 묻지도 따지지도 않고 어쩌면 협력했다라는 사실조차도 망각하고 하는 일종의 ALLC 전략이죠. 마치 진짜 선물처럼 말입니다.

조건부 협력은 앞 장에서 언급했던 팃포탯(Tit for Tat, TFT)입니다. 아시겠지만, 로버트 액셀로드(Robert Axelord)의 『협력의 진화』에 등장한 핵심 개념 중 하나죠. 중앙 권위체(central authority)가 없는데도 이기주의자들 사이에서 어떻게 협력이 창발할 수 있는지 진화적 관점에서 살펴 본 것입니다. 세 가지 진화적 관점의 질문이 이어집니다.

- 각자도생의 학교에서 잠재적으로라도 협력이 어떻게 자리 잡을 수 있을까?
- 온갖 영리한 전략을 구사하는 구성원들이 섞여 있는 상황에서 끝까지 큰 손실없이 살아남을 수 있는 전략은?
- 그 전략이 자리 잡은 후 덜 협조적인 전략의 공격을 견디게 해주는 조건은 무엇일까?[3]

이런 질문은 민주적인 학교에서 구성원들 사이에서 협력의 공간 창출을 위한 중요한 문제의식이 될 수 있을 겁니다. 왜냐하면 이것은 일종의 전략적 사고이자 원칙이고 태도이기 때문입니다.

'조건부 협력'은 현명한 이기주의와 연결되는 전략이죠. 무조건 협력은

진짜 이기적인 교사

착취의 여지를 남겨 갈수록 협력의 공간을 좁히는 결과를 가져오지만, 조건부 협력은 어설프게 상대를 착취하려 했다가는 호된 보복을 당할 거라는 분명한 메시지를 송출하죠. 결국 내가 확실하게 하면 상대도 결코 나에게 손해를 끼치지 않을 거라는 믿음을 주는 거죠.

이러한 협력의 메커니즘은 협력의 양상이 적대적인 관계에서도 드러나게 합니다. 제1차 세계대전 당시 소규모 부대가 가까운 거리에서 치열하게 대치하고 있는 동안, 전투 기간이 길어지면서 서로 점심을 먹는 시간에는 포를 쏘지 않거나, 밤에는 상대방 참호가 아닌 다른 방향으로 총을 난사하는 등 전술적 협력 관계를 유지한 경우가 있었죠. 우리나라 영화 〈공동경비구역 JSA〉에서도 서로 얼굴을 알아볼 수 있을 정도로 가까운 남북한의 병사들이 공격을 상호 자제하며 협력하는 상황을 연출하는 것을 보았습니다. 극한의 적대 관계에 있음에도 플레이어 사이에 협력이 창발 할 수 있음을 보여주는 경우죠.

지도자 가운데 이러한 이유로 구성원들이 서로 협력하기보다는 분열하기를 열망하기도 합니다. 그것을 통해 그들이 힘을 가지지 못하게 하는 겁니다. 왜냐하면, 자칫 그 힘과 권한을 기초로 한 구성원들 간의 협력이 '그들만의 협력', '편의적 협력'으로 전락하는 것을 우려하기 때문일 겁니다. 하지만, 권한 위임을 통해 구성원들을 효과적으로 협력하게 하는 것이 직무 만족도를 높일 뿐만 아니라, 결국에는 조직의 성과를 극대화할 수 있다는 것이 일반론입니다. 학교라는 조직도 예외일 수는 없겠지요.

실제 게임이론에서는 진화적으로 가장 안정된 전략(혹은 내시 균형)을 이야기하지만, 인간 행위에서는 현실적으로 가장 안정된 전략이 있을 수 없습니다. 몸의 움직임을 순서화된 동작으로 구현한 '품새'만으로는 변화무쌍한 상대방 몸의 움직임에 대응할 수 없는 것과 같은 이치입니다.

어떠한 전략도 진정으로 안정적일 수 없으며, 상황에 따른 최적의 전략을 추구할 뿐입니다. 모든 영역에서 모든 구성원의 협력은 불가능하며, 협력의 공간과 시간을 얼마나 늘리고 확보하느냐, 얼마나 자주 또다시 꽃 피워 보느냐가 중요합니다. 일상에서 반복되는 죄수의 딜레마는 계속될 것이기 때문입니다.

그럼에도 다수의 관계 속에서 죄수의 딜레마가 발생했을 때 가장 좋은 행위 전략과 동학을 이해하는 것은 협력의 공간 창출을 위해 필요한 사고 실험입니다. 앞서 언급한 바와 같이, 언제나 어떤 경우에나 최선인 하나의 전략은 없습니다. 상대의 속성, 상대와의 관계, 맥락이 서로 다르기 때문이겠지요. 어떤 행동이 효과적인지는 그 행동뿐만 아니라 그 행동이 상호작용해야 하는 상대방의 행동 특성에도 영향을 받는다는 것입니다.

아무리 많은 행동 전략을 잘 알고 있다고 하더라도 그 경험을 막상 실제 삶에 대입하기란 그렇게 쉬운 일이 아닙니다. 언제나 현실은 이론보다 훨씬 복잡한 법이죠. 다시 말하지만, 태권도 품새와 실전 격투기는 천양지차라는 거, 우리가 이미 알고 있는 식상한 진실입니다.

진짜 이기적인 교사

진짜 이기적인 교사는
무엇으로 사는가?

우리는 앞 장에서 실전에 응용할 수 있는 협력의 전략을 품새라는 이름으로 다섯 가지를 논의했었습니다. TFT(맞대응), ALLD(항상 배신), GTFT(관대한 맞대응), ALLC(항상 협력), WSLS(승유패변, 勝維敗變)이 그것이었습니다.

그 중에서 '현명한 이기주의'와 직접적으로 연결될 수 있는 품새는 TFT 전략이었죠. TFT가 지향하는 바는 분명하죠.

'저 사람에게는 함부로 해서는 안 된다. 어눌하게 착취하려 했다가는 이내 보복을 당할 것이다.' '하지만 내가 확실하게 협력하는 태도를 보이면 그 사람은 결코 나를 배신하지 않을 것이다.'

이것이 현명한 이기주의와 TFT 전략이 연결되는 지점인거죠. 그런데 문제는 여기서 끝나지 않지요. 협력의 품새를 익히고 이를 실전에서 그대로 사용하기만 하면 어떻게 될까요?

앞 장에서 논의되었던 동물의 이타적 행위 사례로 자주 등장하는 흡혈박쥐 이야기를 다시 해보죠. 유발 하라리(Yuval Harari)는 『호모 데우스』에서 은행가가 흡혈박쥐와 다른 이유를 설명합니다.[4] 매일 밤 먹이 찾는 일에 성공할 수 없는 흡혈박쥐들은 상호 간에 먹이인 피를 빌려주고 되받는 식으로 협력하지요. 피를 빌리게 되면 반드시 같은 양을 되갚는 방식입니다. 빌린 것에 대한 '이자' 같은 것은 없었죠. 기계적으로 빌리고 또 갚고 하는 상황이 하염없이 반복되는 겁니다. 우리가 앞서 논의했던 다섯 가지의 협력의 품새를 일상에서 기계적으로 적용한다면 그것은 자칫 흡혈박쥐식 협력 수준에서 멈추는 것은 아닐까요?

유연한 협력 : 이기성과 이타성의 경계 허물기

반면, 은행가는 흡혈박쥐와 달리 빌려주고 되받는 방식에서 뚜렷한 차이가 하나 있습니다. 이미 우리가 알고 있는 것이죠. 빌려준 돈에 이자를 매긴다는 점입니다. 흡혈박쥐는 빌려준 피에 대해 이자를 받지 않지요. 이는 '제로섬'에서 '논-제로섬'으로 국면을 전환할 수 있는 핵심 요소입니다.

흡혈박쥐는 단순히 주고받음으로써 새로운 영토를 만들어내지 못하고 제로섬에 머물지만, 은행가는 이자라는 장치를 통해 논-제로섬의 성장을 창출해 낼 줄 압니다. 이게 바로 기적의 지점인거죠.

이와 같은 맥락을 동원해서 사고를 확장시켜 봅니다. 실존적 인간으로서 우리들이 일상 속에서 말하는 행복은 '편안함'일 수 있습니다. 존재론적 안전감이죠. 이는 분명 행복한 삶을 위한 기본 전제입니다. 그러나 행복은 여기서 멈추지는 않죠. 이 지점에서 멈춘다면 또 다른 차원의 행복이라는 새로운 자기 영토를 만들어내기 어렵겠죠. 그럼에도 불구하고 우리는 기계적인 도움 주고받기를 넘어 자기 의미를 만들어내면서 유연한 협력을 합니다.

은행가가 '이자'를 통해 '성장'이라는 새로운 영토를 만들어내는 것처럼, 우리에게 협력은 존재론적 안전을 넘어서 '자기다움'을 만들어내는 방식입니다. 역으로 '자기다움'이 없다면 '진정한 협력'도 어렵겠죠. 자기다움을 찾는다는 것은 타자에게 손해만 끼치는 '뻔뻔한 이기주의'와는 결이 다릅니다. 자기만의 결을 통해 의미를 만들고, 내 이야기를 통해 자기다움을 추구하는 것이죠. 이것이 바로 진짜 이기적인 태도입니다.

우리가 논의하려는 진짜 이기주의의 출발은 '나 자신'인 것이죠. 진짜 이기주의는 '나'라고 하는 존재의 태곳적 향기를 풍기는 것입니다. 자기다움을 통해 세상 속에서 자기를 실현하다 보면 자연스럽게 공공성의 실현도 가능하다는 논리입니다. 출발은 '나 자신'이어야 합니다. '자기다움'을 찾아가다 보면 우리는 본능이라는 '이기적 유전자의 명령'에서 벗어난 '자유로운 영혼'이 될 수 있다는 신념입니다.

그렇게 되면 다섯 가지 협력의 품새-TFT(맞대응), ALLD(항상 배신), GTFT(관대한 맞대응), ALLC(항상 협력), WSLS(승유패변)-를 기계적으로 적용하지 않고, 자기만의 빛깔을 드러내며 다양한 조합을 만들어 낼 수 있을 겁니다.

'블랙박스 속 협력'

현명한 이기주의, 이기주의를 현명하게 실천할 수 있을까요?

여기서 현명하다는 말은 극한의 이기적 행위와 자기중심적 행위 자체가 번성하고 일상화될 수 있는 상황 자체를 아예 만들지 않는 것과 직결되겠죠. 이는 협력의 품새 중 TFT의 원리이기도 합니다. 그렇다면, TFT는 어떤 측면에서 협력의 지렛대가 될까요, 아니면 외려 걸림돌일까요?

어떤 행동이 미치는 영향은 그 행동뿐만 아니라 상대의 행동 방식에 따라서도 달라지죠. 변수가 하나가 아니라 너무 많다는 것이 항상 문제가 됩니다. 그래서 학교를 복잡계라고도 하고, 학교의 협력은 단계적 처방법인 알고리즘 같은 것으로 풀 수 없다고들 말합니다. 이처럼 협력 이슈가 블랙박스 속의 일처럼 여겨지는 만큼 우리는 단순한 방법이나 대안에 대해 열망하게 되죠.

우리가 여기서 TFT를 끌어와서 논의한 것도 그것이 협력을 창발하기에 가장 단순하면서 효과적인 행동 전략 중의 하나가 될 수 있겠다는 생각이었습니다. 아울러, TFT라는 관점을 통해 학교 구성원의 다양한 유형의 행동 전략과 논리를 유추해 볼 수 있기 때문이었죠. 로버트 엑셀로드(Robert Axelrod)는 호혜주의를 기초로 한 행동이 수많은 행동 전략이 난무하는 세상에서 협력을 이끌어 내기에 최선의 전략임을 주장했습니다.

TFT는 상대방의 이기적 행동에 대해 보복성 맞대응을 하기 때문에 리더나 상급자가 이를 즉각적으로 적용할 경우 자칫 직장 내 갑질로 인식될 위험도 있지요. 물론 TFT에는 '보복'만 있는 것이 아니라 '관용'도

진짜 이기적인 교사

있다는 사실을 전제하더라도 말입니다. 이런 맥락에서 본다면 리더십과 TFT를 기계적으로 연결하기는 어려운 일임을 앞에서도 논의하였죠.

정의(justice)라는 관점에서 볼 때, TFT는 일종의 보상(報償)적 전략으로 상당히 원시적 관념이기도 합니다. 특히 리더나 상급자는 ALLC 전략과 넛지(nudge) 전략을 쓰는 것이 민주적이고, 구성원으로부터 존중받으며 협력의 공간을 지속적으로 이끌어 내고 확장할 수 있는 태도죠. 현실적으로도 그래야만 하구요. 또한, 리더나 상급자는 분명한 원칙과 태도를 구성원들에게 일관되게 보여주어야 하죠.

'저분은 참 TFT하다'…

'TFT하다'라는 말을 할 수 있다면, 어떤 사람이 특정 문제 상황에 직면했을 때 '명확한 원칙'과 '따뜻한 배려'를 일관성 있게 드러낼 때를 의미하겠죠. 사실 학교에 TFT한 구성원이 많다면, 협력의 공간은 분명 확장될 겁니다. TFT 전략은 반복 죄수의 딜레마의 경합을 통해 가장 높은 점수를 올린 프로그램이었죠. 이 전략은 협력으로 시작해서 상대가 하는 대로 따라하는 방식으로 움직입니다. 상대하기 나름 전략인 것이죠, 하지만, 누구나 사용할 수 있을만큼 도덕적이지는 않죠. 가장 도덕적인 기준은 황금률이죠. 반대편 뺨까지 내미는 무조건적 협력과 지원(ALLC) 말입니다.

그런데 일관되게 ALLC 전략을 구사하면 상대와 그 주변을 망치는 경향이 있는 것도 사실이죠. 그래서 '이타적 처벌(altruistic punishment)'의 필요성이 등장하지요. 자신을 포함한 주변 사람을 위해서 누군가는 무임승차자를 처벌하는 악역을 자처하기도 합니다. 무임승차자는 누군가의 희생에 의존하기 때문이죠. 이타주의자들이 없다면 무임승차할 유인도 없어진다는 생각이 그것이죠. 죄수의 딜레마 게임에서 TFT 전략은 두 차례에 걸쳐 우승했지만, 단 한 번도 상대보다 더 많은 점수를 얻은 적이 없죠. TFT 전략은 상대보다 더 많은 점수를 얻어서가 아니라, 상대로부터 협력을 이끌어 냄으로써 우승했었습니다.

그런데 문제는, 우리는 자기 복제가 가능한 인공지능이 아니라는 점입니다. 사람은 비합리적인 면이 있어 자신도 모르게 실수하거나 내 속마음을 제대로 말하거나 행동하지 못할 때가 종종 있습니다. 게임 중 떨리는 손(trembling hands)으로 인해 실수로 혹은 일이 꼬여서 나는 협력(C)하고 싶었는데 내 의도와는 무관하게 배신(D)한 경우가 생길 수 있습니다.

또는 흡혈박쥐는 피를 빌린 상대를 정확히 기억한다고 하지만, 우리는 기억이 잘 안 나거나 정확하지 않아서(fuzzy minds), 예컨대 지난번에 이 사람이 배신(D)했다고 생각해서 배신했는데 알고 보니 배신한 사람은 그 사람이 아니라 다른 사람인 경우가 그것입니다. 실수로 D를 했고 다음 기회에는 원래 의도대로 C로 복귀하려고 하더라도 상대방은 나의 D를 보고 괘씸하게 생각한 나머지 보복을 시작할 수도 있다는 점입니다. 이때 보복의 메아리가 울리겠죠. 협력은 없고 보복만 넘쳐나는 복수의 되먹임이 있을 뿐입니다.

진짜 이기적인 교사

협력의 지렛대, TFT vs. WSLS

물론 상호성에 기초한 TFT 전략이 협력적이지 않은 구성원에게 협력을 요구하는 효과적인 지렛대가 될 수 있겠지요. 하지만 노왁과 하이필드(Nowak, M. & Highfield, R.)는 『초협력자』에서 '이타적 처벌'을 '값비싼 처벌'이라고 하면서 이는 "협력의 진화를 위한 별도의 메커니즘이 아니다"[5]라고 주장합니다. 처벌이 협력을 강제하는 것은 사실이지만, 그 비용이 너무 커서 협력으로 얻을 수 있는 이익을 상쇄해버린다는 것입니다.

만약 학교에서 학생을 위한 교육프로그램을 운영하는 데 있어 반대하거나 협조하지 않는 학교 구성원에게 어떤 페널티를 준다면, 이는 또 다른 갈등의 요인이 되어 결국 학교 공동체 전체의 이익에 피해가 된다는 논리입니다. 결국 처벌과 보복은 나쁜 결과만을 가져온다는 TFT와는 정반대의 주장을 합니다. 그래서 노왁(Nowak)은 TFT의 한계를 극복하기 위해 WSLS(win-stay, lose-shift) 전략을 제시합니다. 승리하면 그대로, 실패하면 전환하는 행동 전략입니다.

승부 전략에 대한 다양한 측정 결과, 승유패변(勝維敗變)의 법칙이 TFT나 관대한 TFT(GTFT)보다 더 강력한 것으로 나타났다고 주장합니다. 이 전략은 반복되는 게임에서 이전에 사용한 전략이 통했다면 다음에도 계속 사용하고, 통하지 않았다면 다른 전략으로 바꾸는 것을 말합니다. WSLS는 맞대응 전략인 TFT에 다음과 같이 질문합니다. '모두가 잘 지내기 위해서는 언제나 위협이 있어야만 하는 것입니까?', '보복이 있어야만 우리는 더 잘 협력하게 되는 것일까요?' 그러면서 WSLS는 상대가 반복적으로 협력하지 않을 때에도 좋은 관계 회복을 위해 협력을 시도합니다.

협력이라는 관점에서 좋은 성과를 거두기 위해 '보복성 처벌'로 상황을 악화시키지 않고, 상대방의 협력적이지 않은 태도에 바로 대응하기보다는 상대보다 더 약한 수준으로 대응할 뿐입니다. 단, 협력적이지 않은 태도에 대해 변화가 절실하다는 분명한 메시지를 보내지만, 효과가 낮은 사적 제재는 가하지 않는거죠. '관계성'과 '동료성' 사이에서 중심을 잡는 방식입니다. 그것은 '비판적 우정'과 '우정어린 비평'과 같은 것으로, 상대를 존중하는 가운데 상대의 전문성에 대해 논의하고 공유하는 방식이지요.

학교 협력 지수(CQ) = DQ + EQ

학교에서의 협력의 양상은 개인주의, 방관자적 태도, 관계성과 동료성, 가치와 의미의 공유 정도에 따라 넓은 스펙트럼을 보일 수 있지요. 한쪽에는 각자도생의 극단적 개인주의와 자기중심주의가 도사리고, 다른 쪽에는 개인과 조직의 온전함을 상상하는 의미와 가치가 서려 있을 겁니다.

우선 코로나19 상황 속 학교의 모습을 상상해봅니다. 학교는 온라인 수업에 필요한 IT기술과 스마트 기기 사용에 능한 젊은 교사와 삶의 지혜와 감정적 능숙함이 있는 원숙한 경력 교사의 협력 양상이 새롭게 다가왔죠. 이를 협력 지수의 등식으로 표현하면, CQ = DQ + EQ라고 할 수 있겠죠. 무슨 말이냐고요? 학교 협력 지수(cooperation quotient)는 디지털 지수(digital quotient)와 감성 지수(emotional quotient)의 총합이

진짜 이기적인 교사

협력 양상의 스펙트럼

구분	극단 개인형	수수 방관형	친밀 관계형	전문 동료형	의미 공유형
협력 지수	0	50	100	150	200
주위의 공감정도	비난과 거부감	무관심	친교적 존중감	존중 또는 질투	상호 존중
가치 추구 지점	사적 영역	자기 업무	자기업무, 소수의 동료	자기 업무, 조직 업무	자기와 조직 동일시
변화 수용	심리적 저항	형식적 인정	이익 상관성	전문성 추구	적극적 수용
리더십 지향	외재적	개입적	인간적	전문적	변혁적

라는 말입니다.

작위적인 조합으로 보이지만, MZ세대는 자신의 감정을 대면해서 표현하는 것보다 스마트 기기를 통해 이모티콘으로 표현하는 것이 더 자연스럽죠. 이들은 디지털 문화에 익숙한 세대입니다. 반면 경력이 있는 교사는 진실한 감정을 대면해서 표현하고 싶어 합니다. 그런데, 협력에는 일차적으로 타인의 감정에 능통할 필요가 있지요. 그래서 암묵적으로 코로나라는 위기 상황 속 학교에서 우리는 DQ와 EQ를 기브 앤 테이크 하면서 온라인 수업이라는 새로운 영토를 만들었는지도 모릅니다. 가장 성공적인 협력의 양상이라고 할 수 있겠죠.

위 표를 통해 우리는 구성원의 협력 정도를 점수화 해 볼 수 있을 겁니다. 예를 들어 자신의 업무 외에는 학교 일에는 전혀 관심이 없는 구성원의 경우는 70점 정도, 학교에서 3D에 해당하는 업무를 하면서도 항상 동료 교사의 어려움을 함께 도우려 노력하는 구성원은 170점 정도로 말입니다. 물론 도식화가 가지고 있는 획일성을 감안하면서도, 블랙박스 속 협력을 밝은 곳으로 끌어내서 함께 논의하자는 의도로 구안해 본겁니다.

학교에서 가장 쉽게 무시되는 기본 중의 하나가 '교사도 인간이라는 사실'입니다. 우리 모두는 인간입니다. 앞에서 논의한 '심리적 안전판'과 같은 훈훈함과 편안함으로 우리 자신과 과업을 지지해 준다면 자연스럽게 일에 몰입할 수 있겠지요. 그런데도 우리가 함께 협력하는 상황에 쉽게 몰입할 수 없는 것은 어떤 이유 때문일까요?

흔히 교사는 엘리트적 성향을 가진 학생으로 임용고사를 통해 선발되었고, 그간 주로 성공경험을 해온 탓에 실패하는 상황에 봉착하게 되면 이를 쉽게 극복하지 못하고 과도한 스트레스와 심리적 불안 증상을 보일 수 있다는 견해도 있긴 합니다. 하지만 무엇보다도 그 원인을 교사의 직무 수행 행동에 대한 별다른 피드백이나 정확한 점검 과정이 이루어지지 않은 현실에서 찾을 수 있을 겁니다. 실제 학교현장에서 주변 동료들에 의해 이루어지는 호의적이지도 않은 평가에 대한 두려움에서 이러한 불안이 나타나기도 하죠. 이것은 우리 스스로를 보호하기 위한 수단의 하나로 작용하기도 하구요. 즉 심각한 불안 현상을 다른 사람들이 느낄 수 있도록 표출함으로써, 자신의 행동을 어느 정도 인정을 받고자 하는 욕구 표현이라고도 볼 수 있겠지요. 이는 의식적이든 무의식적이든 자기 이익 상관성에 대한 반영이기도 합니다.

또 다른 맥락으로 보면, 학교는 학교대로, 교사는 교사대로, 학부모는 학부모대로 같은 상황, 비슷한 처지, 유사한 조건이면 커다란 불편함 없이 함께 웃으며 생활할 수 있겠지요. 사실, 이런 분위기의 학교는 편안함

진짜 이기적인 교사

과 평화로움을 내세워 평균적인 사고를 요구하는 유화주의 조직으로 협력을 통한 변화와 혁신을 기대하기 어려울 수 있습니다. 학교 구성원은 대체로 별다른 갈등 없이 학교가 운영되길 원합니다. 자기 규범과 입법을 통해 자기다움을 추구하기 보다는 모두 똑같고 비슷했을 때 심리적 안정감과 편안함을 느끼고, 그것을 행복으로 착각할 수 있겠지요. 하지만 그 상태는 온전한 행복이 아닌 '문제없음'으로 여겨지는 순간일 수 있습니다.

만약 우리가 학교에서 유연하지 못한 형식적이고 기계적 협력을 하고 있다면, 이 때 추구하는 '행복'은 에이브러햄 매슬로(Abraham Maslow) 욕구 위계의 '안전욕구' 단계로 '불편함이 없는 상태'인지도 모릅니다. 안전함, 편안함을 행복으로 착각하는 거지요. 업무분장, 교과시수 조정, 학생생활 교육 방식 결정 등의 문제에서 교사 간

매슬로의 욕구 위계

협력이 일어나지 못하고 심각한 갈등이 생기기도 하고, 어렵다고 여겨지는 영역의 일을 모두가 회피하는 모습이 그런 인식의 반증이기도 합니다. 우리 각자가 가지고 있는 학교에서의 편의주의와 자기중심주의 말입니다.

학부모의 학교에 대한 요구도 대부분 '내 아이' 중심의 사고로서 일종의 '안전욕구' 단계에 해당합니다. 이런 경우 학교가 학부모의 요구 사항을 일시적으로 만족시켰다고 해서 학부모의 왜곡된 교육적 욕망을 잠재

울 수는 없을 것입니다. 대부분의 학교는 학부모의 1단계와 2단계 요구의 기대 충족에 올인 합니다. 더 높은 단계의 학부모 욕구에는 좀처럼 관심을 가지지 못합니다. 학교가 잠시 머물다 가는 공간이 아닌 '온전한 자기'와 만나는 곳, 자기를 완성하는 곳(자기실현욕구)으로 일과 삶의 소외가 극복되어야 온전한 의미의 협력 공간이 될 것입니다. 물론 '완전하다'는 실존으로서의 자아가 이상적인 최상의 모습을 구현하는 것이라면, '온전하다'는 현실적인 상황 속에서 자신의 결을 실현한다는 것이겠지요. 하지만 이는 우리가 추구하는 자기실현으로 사유하고 재사유 해야 하는 지점이기도 합니다.

'현명한 이기주의'에서 '온전한 이기주의'로

매슬로(Maslow)를 인용하여 논의하다 보니, 이제 자연스럽게 새로운 이기주의가 등장했군요. TFT류의 '현명한 이기주의'에서 자기다움과 자기 결을 찾아가는 '온전한 이기주의'로 말입니다. 우리는 현실에 발딛고 있지만, 언제나 하늘의 별들을 쳐다보면서 광활한 우주를 느끼기도 합니다. 동시에 우리는 이기적 유전자의 지배를 받기도 하지만, 언제든 유전자에게 저항하고 반격할 수 있는 호모 사피엔스이기도 하죠. 우리는 항상 현실에 기반해서 이상적 논의로 나아갑니다.

앞에서 논의한 '자기다움'을 견지하는 것이 학교와 같은 조직에서 생활하는 데 어떤 영향을 미칠까요? 두 가지 모습이 그려집니다. 하나는 까칠한 자기 색깔을 고집해서 조직에 동화되지 못하는 아웃사이더이고,

진짜 이기적인 교사

다른 하나는 유쾌한 존재의 향기를 유지해서 창조적 분위기를 만들어내는 인사이더겠죠. 이 두 가지가 다 가능하죠. 조직 내에서 자기다움을 유지하며 산다는 것이 사실 쉬운 일은 아님을 우리는 경험으로 알고 있죠. 하지만, 곰곰이 생각해 봅시다. 자기다움이 없이 행복한 삶을 살수 있을까요? 그렇다면, 과연 '자기다움'이란 무엇일까요?

'자기다움'은 현실의 땅에 발 딛고 있지만 동시에 이상인 별들을 응시하는데서, 생물학적 인간의 이기적 유전자에 대한 철학적 인간인 사피엔스의 저항과 반격에서 나온다고 생각합니다. 다음은 '두 명의 굶주린자'에 대한 이야기입니다.

"칼라하리 사막의 부시맨들은 두 명의 굶주린 자에 대해 말합니다. 하나는 '리틀 헝거'(little hunger)이고, 다른 하나는 '그레이트 헝거'(great hunger)죠. 리틀 헝거는 배를 채울 '음식'을 원하지만, 모든 배고픈 자들의 으뜸인 그레이트 헝거는 '의미'에 굶주려 있습니다. 궁극적으로 인간을 깊고 극심한 고통에 빠뜨리는 것은 그들에게 의미 없는 인생을 맡기는 것입니다."[6]

영화 〈김씨 표류기〉에는 '한 명의 굶주린 사람'의 이야기가 나옵니다. 한 남자가 한강 다리에서 몸을 던진 후 깨어다 보니 한강 밤섬이었죠. 온갖 구조 요청에도 모두가 아랑곳 하지 않습니다. 죽으려고 했던 사람이 구조 요청을 하는 건 유전자의 힘이겠죠. 어찌 어찌 먹을 것을 구하며 연명하다 우연히 빈 라면 봉지를 발견하고 그 안에 분말스프를 보게됩니다. 이제 면만 만들면 된다는 목표가 생겼습니다. 면을 만들기 위해움직이고 온갖 궁리 끝에 해결책을 찾아냅니다. 그런데 우연하게 외부와의 소통으로 밤섬으로 자장면이 배달됩니다. 하지만 김씨는 자신의 인생 첫 목표이자 꿈인 자장면은 반드시 자신이 만들어 먹겠다는 일념으로 어렵게 배달된 자장면을 거부합니다.

'그레이트 헝거'와 〈김씨 표류기〉, 우리가 생각하는 진짜 이기적인 모습과 행위는 어떤 것일까요?

내가 하고 싶은 일을 정확하게 알고 그 지점을 응시하지만, 이내 내가 해야만 하는 일에 대한 가치를 직시하며 지금 당장 손해가 되더라도 하고 싶은 것을 새로운 의미 속에서 찾을 수 있는 모습과 행위 아닐까요? '그레이트 헝거'와 〈김씨 표류기〉를 통해서도 다시 한번 진짜 이기적 교사의 모습과 행위를 이렇게 찾아봅니다.

"인간은 힘을 가지는 대가로 의미를 포기하는 데 동의한다"[7]는 명제로 근대성을 설명했던 유발 하라리(Yival Harari)는 오늘날 우리는 과거 그 어느 때보다 큰 '실존적 불안'에 시달리고 있다고 말합니다. 그러면서 그것은 '의미의 상실'에서 그 근본 원인을 찾을 수 있다고 주장합니다. 자기다움과 자신의 결은 바로 의미와 가치가 서려있는 내 이야기에서 나오죠. 내가 어떤 사람인지에 대한 가장 좋은 설명은 자신의 삶의 이야기입니다. 그 이야기는 내가 어디에 가장 많은 시간을 쓰고, 어디에 가장 많은 노력을 하고 있는지를 보면 알 수 있을 겁니다.

협력의 리듬과 질서는 현존하는 파이를 재분배하는 방식인 제로섬에서 나오지 않죠. 천국의 파이를 약속하는 방식과 같이 새로운 의미와 가치를 모든 구성원이 공유하는 논-제로섬에서 나옵니다. '손해봄', '소외됨', '불공정'에서 협력은 멈춥니다. 하지만, '훈훈함', '자존감', '회복탄력성'과 같은 의미와 이야기에서 협력은 그 리듬을 탈 수 있을 겁니다.

인적 자본과 사회적 자본의 축적, 의사소통 활성화를 통해 학교 구성

원이 함께 의미를 만들어내고 공유하는 가치와 이야기가 있을 때 학교
는 제로섬에서 논-제로섬으로 거듭날 수 있다는 것을 우리는 이미 곳곳
에서 확인하고 있습니다.

자, 지금까지 학교 조직에서 협력의 의미와 협력의 공간 확보를 위해
현명함과 온전함과 같은 관점을 동원해 보았습니다. 우리가 보고 있다
는 것은 분명한 사실이지만, 그와 동시에 우리가 바라보는 관점도 중요
합니다. 거기에서 사유가 출발하기 때문입니다. 그래서 우리는 습관적으
로 '배후'와 '이면'에 집중하기도 합니다. 협력이라는 키워드로 학교의 작
동 방식을 바라볼 때, '보이는 것'은 무엇이고, '보이지 않는 것'은 무엇일
까요?

최근 영화 〈미나리〉는 원로 여배우의 아카데미상 수상과 관련하여 화
제가 되고 있습니다. 영화에서 함께 숲에 들어간 손자가 뱀을 보고 쫓으
려 하니 할머니가 "데이빗 그냥 둬, 그러면 뱀이 숨어버려. 보이는 게 안
보이는 것보다 더 나은 거야. 숨어있는 것이 더 위험하고 무서운 거란다"
라는 대화가 나옵니다. 우리가 보이는 것에 민감하며 거기에 인지 편향
되어 있음을 말해주는 장면이기도 합니다. 보이는 것에 민감한 사람들
의 인지 편향에 대한 일화가 있습니다.

제2차 세계대전 당시 영국의 비행기 엔지니어들은 총탄을 맞았
지만 무사히 귀환한 비행기들의 상흔이 특정 부분에 집중되어 있
다는 사실을 발견한다. 그들은 총탄을 맞은 부분들을 더 튼튼하

제4장 진짜 이기적 교사, 협력의 가치로 학교 문법을 다시 쓰다

게 보강해야 한다고 결론을 내렸지만, 통계학자였던 아브라함 왈드 (Abraham Wald)는 오히려 반대의 논리를 편다. 총탄을 집중적으로 맞아도 무사히 귀환했다면, 오히려 격추되어 귀환하지 못한 전투기들이 저격당한 부분을 찾아내어 보강해야 한다는 것이었다. 보이지 않는 위험에 대한 지혜로운 통찰이었다.[8]

이처럼 우리는 보이는 것에 집중하지만, 실은 보이지 않는 것에 진실이 있을 수 있습니다. 보이는 것을 통해 우리는 그 너머에 있어 보이지 않는 '협력의 가치 지향'을 확인할 수 있을 것입니다. 구성원들이 각자 자신을 위해 한 행동과 결정이 자연스럽게 다른 사람들에게도 도움이 되는 결과로 나타나고, 이타적 행동이 다시 스스로에게 도움이 되는 결과로 나타나는 '협력의 변증법'을 확인하였습니다.

이를 매슬로(Maslow)는 '이기심과 이타심 사이의 이분법이 허물진 상태'라면서 '시너지'[9]라고 말합니다. 협력이 곧 학교 구성원 간 시너지인 것입니다. 진짜 이기적인 교사의 모습은 바로 이러한 현명한 이기주의자를 넘어 온전한 이기주의자로 볼 수 있으며, 결국 '자기다움'이 없으면 진정한 행복도 없다는 점을 다시금 확인시켜 주고 있습니다. 현명한 이기주의자를 넘어 온전한 이기주의자가 되기 위한 끊임없는 성찰과 새로운 도전이 필요합니다.

진짜 이기적인 교사

찐 교사 방정식

앞에서 이야기한 진짜 이기적인 교사를 다시 한번 정리해 볼까요? 진짜 이기적인 교사란 자신의 이익을 우선시하지만, 주변 상황을 고려하여 이타적으로 행동하고 또 당장은 내가 조금 손해를 보더라도 협력하는 이타적인 행동의 결과는 나에게도 이익이 된다는 것을 알고 행동할 줄 아는 현명한 이기주의자를 넘어 자기다움을 찾아가는 온전한 이기주의자입니다.

교사 경력이 쌓이면 진짜 이기적인 교사로 저절로 성장할 수 있을까요? 우리는 제2장과 제3장에서 선생님들의 많은 어려움을 함께 보았습니다. 자생하는 진짜 이기적인 교사, 쉽지 않을 것 같습니다. 그러면 킹메이커(kingmaker)가 필요할까요? 진짜 이기적인 교사를 이야기하고 있으니까 '찐 교사 메이커, 찐 메이커'의 도움이 있어야 할까요? 누군가 옆에서 부축한다고 쉽게 될 일은 아닌 것 같습니다. 계속해서 하는 이야기지만 '협력'은 혼자서 독립적으로 일하는 제로섬 게임이라기보다는 다른 사람들과의 관계 속에서 상호작용하고 시행착오를 겪어가며 풀어가는 고차원의 방정식일 것입니다.

　그래서 아래 그림과 같은 '찐 교사 방정식 모형'을 제안해 봅니다. 이 방정식은 2014년 하그리브스와 풀란(Hargreaves, A. & Fullan, M.) 이 함께 쓴 『교직과 교사의 전문적 자본, 학교를 바꾸는 힘』에서 소개 된 전문적 자본 공식 PC=f(HC, SC, DC)을 토대로 만들어 본 것입니 다(PC=Professional Capital 전문적 자본, HC=Human Capital 인적 자본, SC=Social Capital 사회적 자본, DC=Decisional Capital 의사결정적 자본).

　인적 자본, 사회적 자본, 의사결정적 자본 동그라미 3개가 있고, 종속 변수 같아 보이는 색깔이 다른 진짜 이기적인 교사도 있고, 화살표도 오고 가고 뭔가 많이 복잡해 보입니다. 이런 그림을 보면 동그라미는 잠재

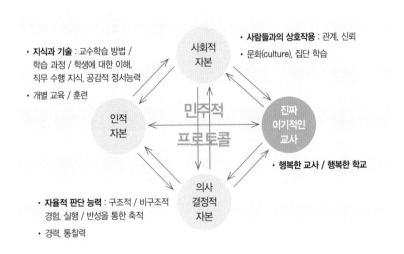

진짜 이기적인 교사

변수(latent variable), 화살표는 변수 간의 관계로, 통계적 연구 방법으로서 변수 간의 관계 구조를 분석하는 구조방정식 모형 분석(Structural Equation Modeling)을 떠올릴 수도 있습니다. 그래서 찐 교사 모델의 적합도(fitness)가 얼마인지, 변수 간 경로의 계수(coefficient) 값이 얼마인지 궁금할 수도 있습니다.

그러나 우리는 양적 연구를 통해 찐 교사 모델의 엄밀한 통계적 유의성(statistical significance)을 밝히는 게 목적이 아니라, 우리의 학교 상황에서 선생님들에게 필요한 자양분(자본)들이 어떻게 섞이고 또 서로에게 어떤 도움을 주어야 진짜 이기적인 교사로 성장할 수 있는지를 실제적인 관점(practical significance)에서 생각해 보려고 합니다.

앞에서 세 가지 자본의 의미가 한두 번은 소개되어서 따로 또 설명하지는 않겠습니다. 그럼만 봐도 각 자본의 의미를 잘 아시겠죠? 그리고 화살표 방향은 각 자본과 진짜 이기적인 교사가 서로 영향을 주고받는 방향이라고 생각하시면 됩니다. 대충 진짜 이기적인 교사가 되어가는 모습이 보이시나요?

찐 교사 방정식 모형에서 한 가지 설명해야 할 것이 있는데요. 바로 바탕에 조금 희미하게 깔린 '민주적 프로토콜'입니다. 프로토콜은 컴퓨터와 컴퓨터가 정보를 주고받는 통신 방법에 대한 규칙과 약속으로 통신방식, 자료의 형식, 오류검출방식, 코드변환 방식, 전송속도 등을 의미합니다. 이처럼 찐 교사 방정식에서 교사 개인이 지닌 인적 자본이 학교 문화로서의 사회적 자본과 소통하고, 자율적이고 전문적인 판단 능력을 발휘하는 협력의 방식에도 어떤 프로토콜이 있어야 하는데 그것이 바로 민주적 프로토콜일 수 있습니다. 민주적 프로토콜은 찐 교사 방정식의 작동방식을 이야기하는데요. 바로 학교 교육목표 및 전략 수립, 학교 업무 구조, 리더십의 발휘, 구성원 간 의사소통 등에 관여하는 '참여, 소통, 존중, 배려 등'의 공식적이고 비공식적인 규칙이자 절차라고 할 수 있습니다. 지금부터는 찐 교사 방정식의 각 자본이 다른 자본과 민주적으로 어떻게 상호작용하며 협력하는 진짜 이기적인 교사가 되는 데 도움을 줄 수 있을지 같이 이야기해 보겠습니다.

기초적인 인적 자본

인적 자본이란 교사 개인이 가진 지식이나 능력으로 교수 학습 방법, 학생의 학습 과정과 문화적 배경에 대한 이해, 직무 수행에 대한 지식과

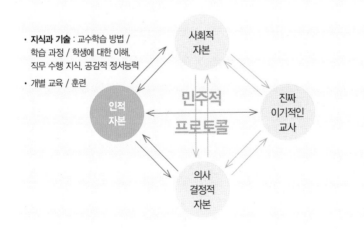

처리능력 등을 의미합니다. 그래서 주로 교사의 개별적인 교육과 훈련을 통해 개인의 역량으로 축적되는 경향이 있습니다. 하지만 인적 자본은 찐 교사 방정식에서 사회적 자본, 의사결정적 자본과 상호작용하며 진짜 이기적인 교사로 선순환하는 데 없어서는 안 될 아주 기초적이고 기본적인 중요한 자본입니다. 그런데….

왜, 제 실력을 발휘하지 못할까요?

협력적이지 못한 학교문화에서 열심히 노력하는 교사들은 때때로 좌절을 경험하게 됩니다. 교사의 좌절은 왜 일어나는 것일까요? 우선 한 사람의 교사가 새로운 수업 방법이나 새로운 업무 제안을 하더라도 실현되기까지는 여러 단계를 거쳐야 하고 그 단계 중 '안전제일' 보수주의를 만나 이를 뛰어넘지 못하면 좌절되는 것으로 끝이 납니다. '안전제일'이라는 신념은 학생의 보호자인 학부모의 '불만(소위 말하는 민원)'에서도 나타나고, 동료교사 또는 교장, 교감의 이해와 지원 부족에서 나타나기도 합니다.

교사 스스로 연구 부족과 경험 부족으로 새로운 방식을 실천하지 못하고 좌절하기도 합니다. 또 가르침과 성공에 대한 나름 열정을 가진 일부 교사들은 열악한 근무조건이나 약한 리더십 때문에 종종 좌절을 경험하기도 합니다. 이러한 좌절이 몇 차례 반복되고 나면 교사들은 새로운 방식을 추구하기보다는 자기 검열에 빠지게 되고 불만족한 순응을 택하는 학습된 무력감(learned helplessness)에 빠지게 됩니다.

여기에서 중요한 부분은 교사 개인의 인적 자본으로서의 역량이 부족할 때 이 빈자리를 학교문화가 채워줄 수 있는 환경인지 그리고 그런 역량들을 발휘할 수 있는 기회가 있는지에 대한 세심한 관심을 가져야 한다는 점이겠죠.

함께 도생하는 인적 자본

인적 자본이 결코 자신만의 독립적인 자본은 아니라는 것입니다. 찐교사 방정식에서 본 것처럼 인적 자본은 사회적 자본, 의사결정적 자본과 서로 협력하며 진짜 이기적인 교사로 선순환하는 관계적인 자본입니다. 이런 이야기는 이어지는 '당기고 밀고 찌르는 사회적 자본', '함께 만들어 가는 의사결정적 자본' 부분에서 더 깊이 있게 나누어 보도록 하겠습니다.

여기서는 지난 2019년에 열린 '한국-OECD 국제교육컨퍼런스'에서 안드레아스 슐라이허 경제협력개발기구(OECD) 교육국장의 강의 내용 일부를 인적 자본에 대한 생각거리로 전해드립니다.[10]

OECD가 교사의 직무만족도와 전문성과의 상관관계를 조사한 결과, 높은 전문성을 가진 교사가 낮은 전문성을 가진 교사보다 교사 지위에 대한 인식, 직업에 대한 만족, 업무환경에 대한 만족, 교사의 자기효능감 영역에서 모두 두 배 이상 높게 나타났다고 합니다. 교사의 전문성을 높이기 위해선 먼저 교사가 가진 장점을 평가하고 그들의 성장을 위한 다양한 경로를 만들어 줘야 합니다. 예컨대 교사는 누구나 리더십, 과목 전문성, 교수법 등에서 특화된 자신만의 강점을 가지고 있다면서 교사들이 협업하고 혁신을 공동으로 창조할 수 있는 체계적 지원이 필요합니다. 이를 위해 사회가 교사의 전문성을 더 신뢰해야 하고 교사 스스로도 전문성을 높이기 위해 창의적으로 일해야 하며, 예비교사부터 현직교사에 이르기까지 모든 단계에서 변화와 능력개발에 대한 노력이 필요하다고 전제하고 이러한 것들을 실행하기 위해선 교사의 자기 주체성을 장려하는 체계적 지원이 필요합니다.

당기고 밀고 찌르는 사회적 자본

사회적 자본이란 사람들 간의 상호작용 즉 사회적 관계의 양과 질을 통해 형성되는 인간관계, 신뢰감, 소속감, 단결심 등으로 한 집단의 문화 자본이라고 할 수 있습니다. 어떤 학교 교사 개개인의 인적 자본이 조금 부족하더라도 그 학교 전체의 사회적 자본이 충분하다면 진짜 이기적인 교사는 점점 많아질까요? 그 반대 경우라면 또 어떨까요? 대충 짐작이 되시죠? 그렇습니다. 사회적 자본은 다음의 그림에서 보는 것처럼 전문적인 지식과 기술로 중무장한 이기적인 교사가 진짜 이기적인 교사로 변모하는 관계를 매개하는(mediating effect) 동시에 인적 자본, 의사결정적 자본 그리고 진짜 이기적인 교사의 상호작용 구조를 조절하는(moderating effect) 아주 중요한 역할을 하고 있습니다.

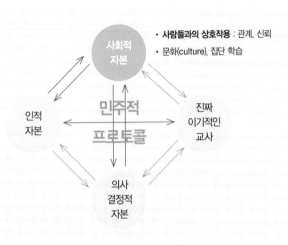

・**사람들과의 상호작용** : 관계, 신뢰
・문화(culture), 집단 학습

사회적
자본

인적
자본

민주적
프로토콜

진짜
이기적인
교사

의사
결정적
자본

문제는 관계를 통한 신뢰

　우리는 지금까지 이기적 교사를 주제로 많은 이야기를 나누었습니다.
제2장은 교사의 좀 더 이기적인 모습에 가까웠고, 제3장은 그래도 교사
들이 협력하려고 노력하는 모습이 보이지 않았나요? 그래도 여전히 아
쉬운 것 같습니다.

　몇 군데 다시 짚어 볼까요? 육아시간을 쓰는 선생님 때문에 돌 맞았
다고 생각하는 부담임 선생님, 간섭받지 않고 내 교실에만 있는 시간이
익숙한 선생님, 고립되다 보니 코로나19와 같은 환경의 변화에 잘 대처
하지 못해서 불안해하고 또는 학교와 학부모의 압력에 대해 그 불확실
한 상황은 합리화의 방패가 되기도 했습니다. 또 선생님들 간의 질투도
만만치 않았죠. 그리고 친분, 동 학년, 동 교과 등 작은 울타리 안에서

일어나는 협력, 계획된 틀 안에서 공유 수준에 머물고 있던 전문적 학습 공동체 등 이었습니다. 이러한 여러 가지 장면의 아쉬운 부분을 관통하는 키워드는 무엇일까요? 계속할 수밖에 없는 말이지만 '신뢰'입니다.

학교에서 열정을 갖고 열심히 도전하려는 교사가 있더라도 서로 신뢰하는 관계 속에서 협력하는 학교문화가 제대로 형성되어 있지 않다면, 이들은 현 상태를 유지하려는 다수의 교사들로부터 심리적 소외를 당해 결국은 다른 학교로 떠나게 되고 말죠. 이런 상황에서 제대로 된 상호 피드백은 기대하기 어렵고 학습 지속성도 단절될 수밖에 없다는 근본적인 문제가 있어요. 우리들이 잘 알고 있는 혁신학교나 민주학교에서도 교사 간 피드백과 학습 가능성에 기반을 둔 협력적 학교문화가 잘 작동해서 성공할 수 있었다는 점은 여러 가지 시사하는 바가 큽니다.

로젠홀츠(Rosenholtz)는 그녀의 연구를 통해서 학교를 '고정된 학교'와 '움직이는 학교'로 구분했습니다.[11] 그 연구 결과를 정리해 보면, 고정된 학교는 동료교사들로부터 서로 배울 수 있는 기회가 거의 없는 환경이 문제이며, 이로 인해 학교에서는 새로운 실험과 이를 통한 개선이 일어나기 어렵습니다. 고정된 학교는 불확실성 척도에서 높은 점수를 받았고, 교사 고립도면에서도 높은 점수를 보였으며, 학생들의 성적향상에도 도움을 주지 못했습니다. 결국 서로 신뢰하고 협력하는 학교문화로의 변화를 위해선 동교교사들 간의 적절한 피드백과 학습 지속성이 이루어질 수 있는 나름의 조건이 필요하다고 볼 수 있습니다.

이렇게 움직이는 학교문화 속에서는 구성원 간 관계에 대한 신뢰는 물론 학교 시스템에 대한 신뢰가 바탕이 되어야 해요. 관계에 대한 신뢰는 각 구성원들이 가진 자율성을 표현하는데 대한 존중과 건설적인 비판을 보장할 수 있기 때문이고, 시스템에 대한 신뢰는 절차적 투명성을 담보하게 되어 의사결정 과정에서 나타날 수 있는 부정한 권위나 강요된 힘을 제재할 수 있기 때문에 중요하죠.[12]

ABC에서 SBC로

또 다시 강조합니다. 협력의 출발은 '관계와 신뢰'입니다. 하그리브스 (Hargreaves)는 협력에 관한 그의 30년 연구[13]를 통해 서로 다른 우호(친밀감)의 단계(친구-잠재적 친구-적대적 관계)에 있는 팀 내에서의 상호작용의 행위와 패턴에 대해 민족지학적 관점에서 관찰하면서, 친구와 적대관계 또는 그 사이에 있는 관계 중에서 가장 생산적인 관계는 무엇이었는지 탐구했습니다. 어떤 단계의 우의와 우정, 호의가 가장 큰 산출물(성과)을 냈을까요?

친한 친구끼리 함께 일할 때 가장 큰 성과를 낼 수 있지 않을까요? 물론 관리와 통제가 없는 자유로운 근무 환경이라고 전제했을때 말입니다. 흥미롭게도 가장 큰 성과를 거둔 팀은 서로 적대적 관계였습니다. 이는 서로 불편한 동료끼리 상호 작용을 피해가면서 작업만 계속했기 때문에 생산성이 가장 높았습니다. 친한 친구끼리는 불필요한 논쟁과 갈등으로 과업에 커다란 문제가 생기기도 했고, 협력이 필요한 때와 협력이 필요 없을 때를 분간하지 못하는 어리석은 상황도 있었습니다. 즉, 최선의 호의와 우정이 항상 최상의 동료성으로 직결되는 것은 아니라는 점을 알았습니다.

이를 학교 사회에 연결해 보면 그 양상이 정확히 일치하지는 않지만, 학교 내에서도 협력 양상을 다음과 같이 생각해 볼 수 있습니다.[14] 모든 형태의 협력이 동등하게 효과적인 것은 아니라는 측면에서 양자 상호 간의 협력이 모두 긍정적이고 효과적인 유형이라고 할 수 있는 소울 메이트형, 양자 상호 간에 협력 관계가 모두 부정적이고 협력 효과도 그리 높지 않은 적대 또는 대립형, 양자 상호 간의 협력이 마지못한 협력이나 형식적이고 표면적 협력으로 흐르는 가장된 협력형으로 크게 구분할 수 있습니다. 여기에 덧붙여 양자 상호간의 관계는 소울 메이트라고 할 수 있으나 협력의 효과는 그다지 바람직하지 않거나 외려 부정적인 덤앤더머형, 그리고 서로가 너무 똑같아서 차이가 거의 없는 복제인간형도 있을 수 있습니다.

우리가 주목해야 할 것은 상호 관계는 소울 메이트이나, 협력의 효과는 부정적인 '덤앤더머형'과 '복제인간형'입니다. 옆의 그림처럼 구성원이 다 같이 웃고는 있지만, 강한 협력을 위한 동료성은 형

협력의 양상

성되지 않은 상황일 수 있습니다. 협력의 효과는 높지 않아 서로 비슷한 성과를 내면서 상호 작용과 교제에 대한 보상을 찾고 즐기는 상황이겠지요. 집단적으로 자기 만족감에 빠져 변화를 지향하기보다 안전과 현재를 지향하는 겁니다. 이런 상황 속에서의 '사적 친밀함'은 '창조적 부동의'를 통해 교수-학습을 진보시킬 수 있는 전문적 논쟁과 상호 비판

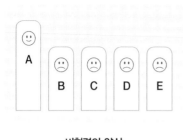

비협력의 양상

을 불가능하게 할 수 있습니다. 대신에 학교에서의 에피소드를 공유하고, 개인적 요청에 의해 제공하는 도움과 같은 '약한 형태'의 협력만이 있을 뿐입니다. 그래서 리마(Lima)는 학교 변화의 촉매제로 교사공동체의 갈등을 활용할 수도 있다는 차원에서 협력적 동료 관계(동료성)를 위한 바람직한 목표로 '우정 망각하기'를 주장하고 있는 겁니다.[15] 그렇다고 사적 친밀함과 인간적 근접성이 없다면 학교에서 열린 토론과 창조적 부동의가 가능할까요? 이 부분은 다음 절에서 곰곰이 더 생각해 보기로 하죠.

아무튼, 여기서 우리는 더 큰 우정이 항상 더 좋은 동료 관계로 이어지지 않을 수 있음을 생각할 수 있습니다. 다시 말해서, '관계성'이 '동료성'의 필요충분조건은 아니라는 겁니다. 이는 풍자적으로 말해서 교사문화가 ABC(Alcohol based Culture, 인간적 협력 문화=관계성)에서만 머물러서는 안 되며 SBC(Solution based Culture, 전문적 협력 문화=동료성)와 함께 가야 함을 의미하기도 하죠. 협력에는 관계가 선행되어야 한다는 말에 전적으로 동의합니다. 하지만, 전문성이 담보되어야 하는 '강한 형태'의 협력은 구성원 사이의 관계의 질과 결이 어떤 것이냐에 의해 성패가 좌우되기도 합니다.

SBC는 일종의 '생산적 갈등'을 활용합니다. 이것이 지향하는 지점은 '비판적 우정(critical friend)'이나 '우정 어린 비평(friendly critics)'과 연결되지요. 사실 학교는 수평적이고 평등주의적이고 민주적인 문화로 인해

진짜 이기적인 교사

서 동료 간의 평가와 비평에 매우 민감한 편이지요. 자칫 전문성이 있는 한 사람이 있으면, 그렇지 않아도 자존감이 강한 주변의 다른 동료들은 열패감에 빠질 수 있습니다.

그래서 교사들 간의 관계의 질을 손상하지 않는 범위 내에서 창의적 비평(창조적 부동의)과 전문적 평가(전문성에 대한 조언)가 가능한 메커니즘을 만들어 낼 필요가 있습니다. 그것이 바로 SBC, 비판적 우정이자 이어서 소개하는 당밀찌(PPN)입니다.

Pulling, Pushing, Nudging

이번 학기 초에 공개수업자로 선정되었다. 그 일은 매 학기 어색하고 피하고 싶은 일 중 하나지만, 여섯 명의 이런저런 사정으로 결국 내가 된 것이다. 떠밀려서 하는 모양새다. 왜 십자가를 나만 지는 거지, 하는 마음이 드는 건 어쩔 수 없다. 그러던 중에 한 선생님이 공개수업을 위한 교과 모임을 주선해 주셨다(pulling). 그리고 선생님들이 모인 자리에서 공개수업을 함께 모여 설계하고 디자인해서 실행해 보자고. 그리고 그 수업 설계안이 만들어지는 과정에서 먼저 수업 실행을 공개하겠다고. 그러면서 우리는 틈틈이 모이게 되었고 수업계획을 만들기 위해 아이디어를 공유하고, 수업 방법에 대해 질문하면서 새로운 경험을 하게 되었다(pushing). 이 과정을 지켜보던 교감선생님은 선생님들이 함께 수업을 설계하고 실행하는 방식에 대해 고무되어 '보편적 학습설계 수업 실천하기' 관

제4장 진짜 이기적 교사, 협력의 가치로 학교 문법을 다시 쓰다

런 연수 지원이 필요함을 담당 부장 교사에게 넌지시 이야기하게 되어(nudging) 그 수업 실천으로 변화한 교사의 모습, 학생의 성장, 학생의 도전과 참여 사례 연수가 이루어졌다. 이를 통해 교과 선생님들과 함께 수업계획을 만들고 실행하게 되었다. 혼자만의 수업이 아닌 교과 선생님 모두의 수업이었다.

우리 선생님들에게 무엇을 어떻게 당기고, 밀고, 찔러야 할지 굳이 말하지 않아도 될 것 같습니다. 이미 선생님들은 전문적인 지식과 기술의 인적 자본체이지 않습니까? 그러면 이제, 당기고 밀고 찌를 준비 되셨나요? 또 앞에서 이야기한 ABC, SBC, Pulling, Pushing, Nudging이 다 이나믹하게 얽히고 설키는 모습이 머리 속에 그려지시나요? 그렇다면, 됐습니다. 우리 저자들의 목표는 바로 여기까지입니다. 이제 리마(Lima)가 던진 질문에 우리 스스로 대답해보죠. "교사 협력이 진정 무엇인지 아는 사람 누구 없나요(Teacher Collegiality: Does any one really know what it is)?"

아마도 대답을 하기 전에 이런 질문이 또 반복될 것 같습니다. '협력은 언제나 좋은 것인가요?', '협력을 위해서는 구성원 간 관계와 신뢰의 정도는 어느 정도까지여야 하나요?', '협력을 위해서는 경쟁하면 안 되는 건가요?', '교장이 전략적으로 밀어붙이면 학교 구성원이 협력하게 되나요?', '한 집단(동 학년) 내에서의 협력은 다른 집단(타 학년)과의 협력에 부정적이기만 한가요?' 등등 협력에 관한 우리의 질문은 계속될 수밖에 없습니다.

함께 만들어가는 의사결정적 자본

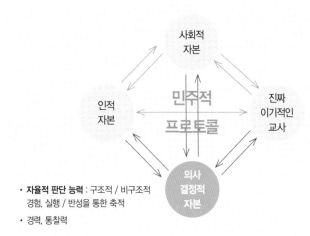

의사결정적 자본이란, 교사가 학생을 교육하는데 있어서 동료들과 상호작용하여 그 실천과 반성을 반복하는 다양한 경험의 축적을 통해 만들어지는 고도의 전문적이고 자율적인 판단능력이라고 할 수 있습니다. 이러한 역량을 가진 선생님들이 많은 학교일수록 역동적이고 서로 협력하는 것을 당연하게 생각하지 않을까요? 그러려면 선생님들이 하는 '일'을 다르게 접근할 필요가 있습니다.

협력하는 형태, 내용 바꾸기

제3장에서 이야기했던 협력의 시행착오 과정에서 나타난 아쉬운 부

분을 찾아보죠. '학연, 지연 등 친분으로 연결된 우리가 남이가! 동 학년, 동 교과 중심의 소국분할주의 문화, 또 만나는 사람들만 만나는 전문적 학습공동체 등' 이런 부분의 공통점은 학교에서 선생님들이 동 학년, 동 교과를 중심으로 같은 사람들과 반복적으로 소통하고 있다는 것입니다. 베리 핀레이(Barry Finlay)는 사람들의 실행과 신념을 바꾸려면 의사소통의 유형을 바꾸고 그들 간에 새로운 형태의 관계를 형성해야 한다고 했습니다. 이것은 또한 신뢰의 양과 질을 확장시키기 위한 조건이 되면서 의사소통의 형태와 내용이 다양해지지 않으면 앞의 제2장에서 살펴본 것처럼 '보수주의'에 빠지고 말 것입니다.

의사소통하는 형태를 바꾼다는 것은 곧 협력하는 형태를 바꾼다는 의미일 것입니다. 기존 동 학년, 동 교과 중심의 의사소통을 학년 간, 교과 간의 형태로 재배치할 수도 있습니다. 초등학교에서는 1~2, 3~4, 5~6 학년군 별로 전문적 학습공동체를 운영할 수도 있고, 중·고등학교에서는 언어, 사회, 과학, 예체능 계열을 중심으로 전문적 학습공동체나 멘토링 등의 협력 활동이 일어날 수 있습니다. 또는 학생들의 프로젝트 학습 주제를 중심으로 다양한 선생님들이 모여서 의사소통하며 전문적 학습공동체를 운영하는 것도 좋은 방법이겠습니다.

다음으로는 의사소통을 통한 협력의 내용에 대해서 생각해보죠. 즉 무엇을 매개로 의사소통하며 협력하는지를 찾는 것입니다. 제3장 "우리, 끼리끼리"에서 이야기한 '동 학년 선생님들끼리 온라인 수업 프로그램의 기능을 알려주는 공유 수준의 협력' 기억하십니까? 주디스 워렌

진짜 이기적인 교사

리틀(Judith Warren Little)은 약한 형태에서부터 강한 형태에 이르기까지 연속선상에 있는 협력을 네 가지로 제시했습니다.[16] 1) 아이디어, 에 피소드, 가십을 교환하는 스캐닝(scanning)과 스토리텔링 2) 일반적으로 요청받을 때 제공하는 도움과 지원 3) 기자재와 교수 전략들을 공유하는 것 4) 계획하고, 가르치는 일에 대해서 함께 탐구하는 공동 작업. 제3장에서 살펴보았던 동 학년 중심의 소국분할주의 문화에서도 그렇고, 멘토링, 전문적 학습공동체 부분에서도 아쉬웠던 것은 협력 활동의 내용이 대부분 기능적인 사용법과 학습 자료 등을 공유하는 수준에 머물고 있다는 것입니다. 공유 수준의 협력은 가시적으로는 단방향 또는 양방향 협력의 모습으로 보일 수는 있지만, 앞에서 이야기한 것처럼 이러한 관계는 심리적 또는 정서적으로 어떤 행동을 실행하고 신념을 바꾸는 등의 변화를 통해 신뢰를 쌓아가는 데 어떠한 영향도 미치지 못할 수 있습니다. 어떤 자료를 나는 주면 그만이고, 또 받는 사람은 내게 필요 없으면 무시하면 그만일 테니까요. 다시 말해 교사의 전문성은 개인이 지닌 지식과 기술로서의 자본만이 아니라 동료 교사와의 상호작용을 통해서 집단적으로 실행하고 반성하는 전문적인 판단능력으로서의 자본이기 때문입니다.

협력 활동의 수준을 조금 끌어올려 보겠습니다. 학교에서 선생님들이 공동 작업을 통해 무엇을 계획하고 가르치고 또 탐구하는 등의 활동이 빈번하게 일어나는 일은 어떤 일이 있을까요? 바로 '수업'입니다. 또 그 수업을 운영하기 위해서 준비하는 일이 '교육과정'입니다. 교육과정을 운영한다는 것은 단순하게 교과서의 내용을 전달하는 것은 아닙니다. 교육과정은 어떤 교육목표를 달성하기 위해서 교육내용과 교육활동을 체계적으로 편성 및 조직하는 활동으로 수업을 통해 실천하며, 학생의 성장에 대해 평가하는 등의 일련의 활동이 일체화되는 과정의 중요한 출발이라고 할 수 있습니다. 그러므로 선생님들은 교육과정을 통해 같은 학년의 선생님, 같은 교과의 선생님들이 머리를 맞대고 교육과정을 디자인하고, 수업을 설계하여 실시하며, 평가의 기준을 세우고 학생에게 피드백을 제공하는 등의 창의적인 높은 수준의 공동 작업을 할 수밖에 없는 것입니다.

교육과정을 통한 공동 작업의 내용으로 '학교자율과정'을 잠깐 소개해 드리겠습니다. 경기도교육청은 국가 수준 교육과정을 바탕으로 경기도교육과정 운영의 지침이 되는 경기도 초·중·고등학교 교육과정 총론(경기도교육청 고시 제2021-486호)에서 학교 여건에 따라 학교자율과정을 추가로 편성하여 운영할 수 있도록 안내하고 있습니다. 학교자율과정은 학생의 요구와 필요를 반영하여 교과(군)별 기준 수업 시수의 20퍼센트 범위 내에서 감축한 시수를 활용하여 교과융합활동, 마을과 연계한 교육활동, 학생주도 주제별 프로젝트 활동 등을 창의적으로 편성하여 운영할 수 있는 과정입니다. 그러므로 기존에 교과 내, 교과 간 재구성을 통하여 교과별 시수를 증감하여 운영하던 방식에서 좀 더 학교 교육과정 운영의 자율권이 강화된 부분이라고 할 수 있습니다. 이러한 학교자율과정을 운영하기 위해서는 교사들이 스캐닝과 스토리텔링 그리고 단순 자료 공유 수준의 협력을 뛰어넘는 창조적인 협력을 할 수밖에 없지 않을까요? 또 이러한 집단적인 협력의 결과는 교사 개인의 지식과 기술 축적

진짜 이기적인 교사

에 긍정적인 영향을 끼칠 것입니다. 진짜 이기적인 교사는 바로 이 부분을 아는 교사일 것입니다.

집단적 의사결정, 효능감으로 돌아오다

S초등학교 5학년 부장교사가 2021년 핫이슈인 학교자율과정 운영을 학년 선생님들에게 제안했습니다. 학교자율과정은 기존의 교과 간 증감이 아니라 각 교과에서 감한 시수를 완전히 새로운 교육과정으로 구성하고 성취 수준까지 새롭게 만드는 것까지 포함되는 일입니다. 기존에 하던 것을 조금만 수정하면 편할 것을 왜 굳이 다른 학년은 아무도 하지 않은 것을 우리만 수고스럽게 하느냐고 후배 교사들이 볼멘소리를 합니다. 부장교사는 "올해 내가 연수를 받아보니 우리가 스스로 만들어 자율성을 가지고 운영하는 교육과정이야말로 교사가 최고로 전문성을 발휘하는 것이라는 것을 깨달았다"고 설득하였습니다. 여덟 명의 교사 중 한 명의 교사가 동의했습니다. 나머지는 부장교사가 하자고 하니 앞에서 잘 이끌어 나갈 테니, 본인들은 시키는 몇 가지만 분담하겠다는 마음가짐으로 우여곡절 끝에 시작되었습니다. 그런데 그 과정이 생각보다 훨씬 험난했습니다. 어느 교과에서 시수를 감할 것인지, 그리고 감한 시수를 어떤 교육과정으로 구성할 것인지, 성취수준은 무엇으로 할 것인지, 그리고 여기서 나아가 학생들이 배우고 싶은 내용이 무엇인지 그리고 어떻게 배우고 싶은지도 의견수렴을 하다 보

니 다른 학년이 다 퇴근한 시간에도 저녁까지 남아서 치열한 토론을 벌이는 날이 많아졌습니다. 오죽하면 다른 학년에서 야근 학년이라는 별명까지 지어 줄 정도였으니까요. 각 교과에서 감해 확보된 시수 100시간으로 한 학기 동안 본인들이 가르치고, 학생들이 배우고 싶은 것을 교육과정으로 구성해 가르치니 참 신이 나 보였습니다. 그래서 2학기 때는 이렇게 운영되는 학교자율과정이 다른 학년으로도 전파되었다고 합니다. 또 지역의 다른 학교에도 소문이 나서 학교자율과정에 대한 노하우를 공유해 달라는 요청이 많아지고 관심 있는 교사들을 모아 연수도 진행하게 되었습니다.

S초등학교 5학년 선생님들이 협력적이 될 수 있는 원동력은 무엇일까요? 그것은 아마 학교자율과정 운영에 대한 성공 경험, 그리고 그 성공의 내용이 학생과 교육을 중심에 두고 거기에서 의미를 찾은 것이라면 교사가 느끼는 자기 효능감(self-efficacy)은 굉장히 컸을 것이라고 생각합니다. 이런 집단적인 의사결정과 실행의 성공 경험들을 통해 교사 개인은 '야! 나도 할 수 있어!'라는 효능감을 얻게 되고, 또 축적된 교사 개개인의 효능감은 끌고 밀고 찌르는 신뢰의 사회적 자본을 바탕으로 집단의 효능감(group-efficacy)으로 확장되는 찐 교사 방정식에서 선순환될 것입니다. 언제 한 번 S초 5학년 선생님들을 북 콘서트에 모셔야겠습니다.

진짜 이기적인 교사

야, 우리 찐 하자!

『총·균·쇠』의 저자 재레드 다이아몬드(Jared Diamond)는 사람들이 배우자를 선택할 때 자신과 유사한 종교나 비슷한 정치적 견해를 가진 사람을 선택하는 경향이 있다고 합니다. 본인 스스로를 둘러보더라도, 주로 만나고 소통하고 좋아하는 사람들은 나와 비슷한 면이 많지 않나요? 유유상종 현상이라고도 하는데요. 소통하고 협력하는데 있어서 이타적인 사람들은 이타적인 사람들과 이기적인 사람들은 이기적인 사람들과 어울리는 경향이 있을 것 같습니다. 바로 이런 경향성이 그 집단의 학교문화를 좌지우지할 것입니다.

우리 학교 문화는 어떤 모습이면 좋을까요? 선생님들은 어떤 생각을 하고 있으면 좋을까요? 무엇보다도 학교라는 집단의 이익을 위해 협력하는 과정을 통해 결국 집단의 이익이 자신의 이익으로 돌아올 수 있다는 강한 신념과 확신을 갖도록 하는 것이 가장 중요할 것 같습니다. 학교에 어떤 문제가 생기면 이를 해결하는 과정에서 각 개인은 그 문제가 나와 무슨 상관이고, 또 나의 이익에 어떤 영향을 미칠지를 우선적으로 생각하는 경향이 있습니다. 개인의 편의성과 지나친 권리 중심의 문화 속에 살아가는 구성원들은 각자 많은 이익을 취하는 것 같지만 실상 행복한 삶을 살기가 어렵다는 것을 경험적으로 우리는 이미 알고 있습니다. 실제 교직원회의를 할 때 단순하게 찬반을 선택하는 게 아니라 공공의 이익이라는 관점에서 충분한 논의를 해 결정하고, 그것이 각 개인에게 최대의 이익으로 돌아오는 경험의 에너지를 조금씩 쌓아 나갈 때 자발적

제4장 진짜 이기적 교사, 협력의 가치로 학교 문법을 다시 쓰다

참여로 이어질 수 있다는 확신을 갖지 않을까요? 이런 소중한 경험을
한 번씩 느끼며 살아가면 학교생활도 정말 행복하지 않을까요?

진짜 이기적인 교사

협력의 촉진자로서의 교장

　지금까지 진지하게 협력에 대해 이야기 하다가 갑자기 왜 교장 이야기냐고요? 그것은 학교가 협력이라는 전문적 자본을 축적하는데 긍정적이든 부정적이든 교장이 가장 많은 영향을 미칠 거라는 생각에서입니다. 이번 이야기에서는 요즘 교장들의 답답한 마음을 좀 대변해 줄까 하는데 이런 이야기를 하는 것은 늘 조심스럽네요. 편들어 준다고 생각마시고요. 교장의 입장에서 한번 생각해보는 역지사지의 태도가 협력의 문화를 만드는데 조금이나마 도움이 되지 않을까 하는 마음으로 이해해 주길 바랍니다.

제4장 진짜 이기적 교사, 협력의 가치로 학교 문법을 다시 쓰다

교장을 벙커에 가두지 말라

혁신학교, 민주학교 등에서 교장의 역할을 이야기할 때 자주 등장하는 은유적 표현이 n분의 1이지요. 그런데 교장이 n분의 1이 될 수 있을까요? 그리고 학교 구성원은 교장이 정말 n분의 1이 되기를 바랄까요? 여러 관점에서 한번 생각해 볼 문제입니다.

경기도교육연구원의 연구[17]에 의하면 여러 의사결정 유형(엘리트형, 자유주의형, 형식주의형, 숙의형) 중에서 학교 구성원들이 가장 선호하는 유형은 구성원 모두가 수평적인 조건에서 의사결정을 하는 숙의형 학교입니다. 그런데 어느 유형이 가장 민주적인 학교 풍토인가를 묻는 질문에서는 교원, 학생, 학부모 모두 탁월한 능력을 가진 리더가 있어서 교원이나 학생, 학부모가 별다른 신경을 쓰지 않아도 잘 운영되는 학교 즉 엘리트형 학교라고 응답하였습니다. 결국 학교 구성원들은 마음적으로는 교장을 포함하여 모든 구성원이 수평적 관계에서 n분의 1의 자격으로 깊이 있는 논의를 통하여 함께 결정하고 협력해 가기를 바라지만 실제로는 능력 있는 누군가의 탁월한 리더십으로 학교를 안정적으로 잘 이끌어 주기를 바라고 있는 것이지요. 이러한 연구 결과는 교장이 학교에서 차지하는 위치는 절대 n분의 1이 될 수 없는 막강한 영향력을 미치는 존재임을 스스로 인정하고 있는 것입니다. 그럼에도 불구하고 혁신학교나 민주학교에서 교장의 역할에 대해 제대로 규정하고 있지는 못하고 있죠. 그저 교장은 모든 구성원과 똑같은 발언권과 결정권을 가진 하나의 구성원이기를 바랬을 뿐입니다. 수평적 관계를 지향한다는 의미에서 틀린 이야기는 아니지요. 그런데 교장이 많은 영향력을 미칠 수 밖에 없는

진짜 이기적인 교사

위치에 있다고 인정된다면, 협력적 학교문화를 위해 교장은 어떤 선한 영향력을 행사해야 할까요? 그리고 우리는 교장의 어떤 리더십을 기대하고 있을까요? 교장을 교장실이라는 벙커 안에만 가두려는 벙커심리는 협력의 걸림돌이 될 수 있고, 벙커 안에서의 교장은 자기 입장만을 고집하는 폐쇄적인 존재로 전락할 수 있습니다.

우리는 앞서 협력의 동학은 구성원들이 신뢰를 기반으로 서로 밀고 당기며, 옆구리를 슬쩍 찌르며 함께 하는 것이라고 이야기했습니다. 그것은 집단적 책임으로 수직적 힘과 수평적 힘, 공식성과 비공식성, 경쟁과 협력의 창의적 결합이라고도 했습니다. "가장 성공적인 교장은 교사를 통해 간접적으로 학생의 성취에 영향을 주는 존재입니다."[18] 그런 일을 효과적으로 수행하려면 교장은 '교사-행정직원-학부모-지역사회'와의 협력을 창출하는 존재여야 합니다. 학교협력 창출자, 학교협력 공간 발굴자, 학교협력 시스템 개발자, 학교 내 사회적 자본 증식자로서의 교장의 존재 재규정이 필요합니다.

교사, 학부모, 교장의 동상이몽

마이클 풀란(Michael Fullen)에 의하면 캐나다 교장들의 직무 환경이 갈수록 나빠지고 있고 요구 사항은 더 많아지는 데다, 일처리는 점점 더 힘들어지고 보람을 느끼기도 어려워지면서 교장들의 불평과 불만이 쌓여 간다고 합니다.[19] 우리나라도 점점 이와 비슷한 환경으로 바뀌어 가고 있어 힘들고 자괴감이 든다는 교장의 볼멘소리들이 있습니다.

제4장 진짜 이기적 교사, 협력의 가치로 학교 문법을 다시 쓰다

교장의 입장에서 교장이라는 존재를 생각해 보면, '자기네들(교직원)이 다 알아서 해놓고 무슨 일(민원, 감사 등)이 터지면 책임은 교장이 져라' 하는 뒷수습 처리반 같은 존재이자 '손발을 다 묶어 놓고 심지어 말도 하지 못하게 하고는 골방에 앉아서 결재만 해라' 같은 허수아비와 같은 존재로 전락해 버렸다고 푸념합니다. 그러나 교사들의 입장에서 교장에 대한 이야기를 들어보면, 여전히 '꼰대'로서 '혁신의 대상'이자 민주적 학교문화를 만드는 데 가장 걸림돌이 되는 존재이며, 권위를 내려놓아야 하는 '비민주적인 존재'로 바라보는 시선이 있는 것이 현실입니다. 관점의 차이가 심하지요? 교장과 교사가 함께 협력하여 좋은 학교를 만들어도 모자랄 판에 서로에 대한 불신이라니요.

서로 관점에 대한 차이가 생기는데 대한 진짜 속마음을 한번 들여다볼까요? 2019년 강원도 교장선생님들을 대상으로 "내가 학교 구성원에게 비춰지고 싶은 이미지는?"이라는 내용으로 설문조사 한 결과를 키워드 중심으로 유목화 해보면 인간적인, 민주적인, 소통하고 경청하는, 합리적인, 믿어주고 인정해 주는, 믿음이 가는, 변화와 혁신을 주도하는, 함께 하는 동료라고 답했습니다. 실제는 어떻든 이런 가치들을 추구하신다니 멋지지 않나요? 그런데 왜 실제 학교에서는 실천하기가 어려운 것일까요?

교장이 좋은 리더십을 발휘하고 싶어도 교육청 등 상부기관의 끊임없는 책임 행정 요구는 소신 있게 학교를 운영하는 걸림돌이 됩니다. 역사적으로 볼 때, 한국의 학교 제도는 1980년대까지의 관료 통제적 교육행정 그리고 현재의 관리-장학형 교육행정 속에서 시민 육성을 위한 '자치적 교육공동체'로서 자리매김하기보다는, 상명하달식의 '기능적 교육조직'으로 자리매김했다고 보고 이 과정에서 학교에서도 자연스럽게 위계적 계서(階序)를 갖는 관료적 문화가 일반화되었다고 보는 주장들이 있습니다. 그러한 관료적 행정문화의 대행자로서 관리직, 즉 교장이 존재했고, 교장 개개인의 성향이나 특질보다는 제도적, 구조적 관행 속에서 학교는 존재해 왔습니다. 그러니까 교장은 교육행정 최전선의 책임자인 셈이지요.

다음은 "2019 학교민주시민교육 국제포럼"에 패널로 참여한 어느 초등학교 교장선생님의 발언 내용인데, 학교 일상에서 교육행정 최전선의 책임자로서 교장의 고충을 잘 대변해 주고 있습니다.[20]

학교 규모가 크다 보니 격주로 열리는 교사 다모임 외에도 업무팀 회의, 팀장 회의, 관리자 회의, 각종 업무와 관련된 위원회 등 회의에 많은 시간을 투입한다. 빈번한 회의로 힘들긴 하나 어느 것 하나 소홀히 할 수 없는 이유는 매일 논의해야 할 현안이 빈번하게 생기고, 원활한 업무 수행을 위해 불가피한 과정이기 때문이다. 학생들 간의 크고 작은 갈등, 교사의 폭력적 교육 방식이나 인권 감수성 결여 등 다양한 요인으로 인해 종종 학부모 민원과 마주하게 되고, 민원 해결 과정에서 자칫 서로의 마음이 다치고, 감정의 골이 깊어지는 경험은 교장으로서 가장 힘든 역할인 것 같다. 시설, 회계 관련뿐 아니라 매일 (급식, 방과 후, 돌봄, 복지, 물품 구입, 가정통신문, 체험학습 추진 등의) 결재 30~50건은 기본이고, 여기에 30여 건에 이르는 공람된 공문 등을 검토해야 한다.

제4장 진짜 이기적 교사, 협력의 가치로 학교 문법을 다시 쓰다

이처럼 교육행정 최전선의 책임자로서 교장이 선호하는 교사상이 있습니다. 그것은 바로 학생들을 열심히 가르치고, 알아서 자기일 척척 해내면서 동료들과 관계도 좋고, 예의 바른 교사입니다. 그런데 교사들의 생각은 크게 다르지요. 교사의 복지에 더 신경 써 주고, 어려움에 처했을 때 해결 해 주고, 교사를 존중해 주고, 학생들만 열심히 잘 가르칠 수 있는 여건을 만들어 주는 분이면 좋겠다고 합니다.

교장선생님들이 정신 바짝 차릴 이야기가 하나 더 있습니다. 교장을 바라보는 또 다른 시선으로, 최근 한 토론회[21]에서 학부모 대표로 나온 토론자가 학부모들이 만난 '아쉬운' 교장을 다음과 같이 다섯 가지로 분류한 바 있습니다.

1. 절대권력형 : 교원, 학생, 학부모 의견 원천 봉쇄, 내가 곧 학교다
2. 사유재산형 : 교장실의 사유화, 정원 꾸미기, 본인 저서 구비 등
3. 우유부단형 : 의견 수렴만 하고 조율 불가, 결단력 부재
4. 은폐축소형 : 무사고, 무결점을 위해 무관심, 무대응, 무책임
5. 복지부동형 : 퇴직하는 날까지 일 벌이지 않기, 안전제일

이렇게 서로에 대해 다른 생각을 가지고 있는데, 교장이 협력을 이끌어내는 리더십을 발휘할 수 있을까요? 서로에 대해 바라보는 시선이 다소 극단적인 부분이 있긴 하지만, 모두가 행복한 학교를 만들기 위해 협력을 이끌어 내는 교장의 리더십은 매우 중요합니다. 이러한 동상이몽이 존재하는 학교에서 교장은 어떤 협력적 리더십을 가져야 할지 다음에서 계속 이야기를 이어가 보겠습니다.

교장의 협력적 리더십

앞선 협력 논의에 비추어 교장이 구사할 수 있는 최선의 전략은 무엇일까요? 제3장에서 언급한 마틴 노왁과 로저 하이필드(Nowak, M. A. & Highfield, R.)의 협력 전략 다섯 가지 기억하시지요? 그 다섯 가지 중 교장에게 요구되는 적합한 전략은 어떤 것이 되길 기대하시나요? 참 헷갈리는 시대입니다. 눈에는 눈, 이에는 이 TFT(맞대응)? 아이고, 갑질로 신고당할까 봐 엄두도 못 냅니다. 최근 교장의 가장 큰 미덕은 믿어 주고 기다려주는 거라고 하지요. 그러면 항상 협력하는 ALLC 전략이 적절하겠네요. 그런데 교장이 너무 만만하게 보이지나 않을지 걱정이 되고, 어느 정도 전문적 권위도 좀 필요하지 않나요? 참 어렵네요.

그러면 관계성과 동료성을 바탕으로 끌어당기면서(pulling) 밀어붙이고(pushing) 팔꿈치로 슬쩍 찌르는(nudging) 힘이 작용하는 협력적인 학교를 위해 교장은 어떤 전략으로 어떤 교장의 이미지를 만들어야 할지 고민이 필요해 보입니다. 교장은 학생교육을 중심에 두고 교사들과 다양한 상호작용을 해야 할 위치에 있기 때문에 현명한 TFT 전략을 구사해야 할 필요성이 있습니다. 그래서 좋은 의미의 "저분 참 TFT한 분이야"라는 인정을 받으면 좋겠다는 생각입니다.

경험적으로 '참 TFT하다'의 이미지는 '명확한 원칙'과 '따뜻한 배려'를 일관성 있게 드러내는 것이 아닐까 생각합니다. 이 외에도 다른 많은 변인이 있겠지만 여기에서 교장의 협력적인 전략은 '명확한 원칙주의자'인 동시에 때로는 '따뜻한 배려주의자'로 가정합니다. 그럼 이러한 두 가지 역할을 잘하기 위해 교장이 갖추어야 할 구체적인 리더십의 모습은

제4장 진짜 이기적 교사, 협력의 가치로 학교 문법을 다시 쓰다

어떠해야 하는지 계속해서 이야기를 이어가도록 하겠습니다.

명확한 원칙주의자

'훌륭한 교육자'이고 '민주적 리더'라고 교사, 학생, 학부모로부터 평가받는 교장선생님이 있다고 가정합시다. 이 학교는 혁신학교이고 전문적 학습공동체가 활성화되어 있으며, 민주적이고 교수-학습 중심의 학교문화가 잘 조성되어 있는 학교입니다. 그런데 이 학교로 지나치게 개인주의적이고 편의성을 추구하는 한 명의 교사가 전입을 해 옵니다. 그리고 그 교사는 연가 21일을 매일 1시간씩 균등하게 나누어 사용합니다. 교직원 회의가 있건 학교 행사가 있건, 학부모 상담이 있건, 전문적 학습공동체가 있건 그렇습니다. 한두 명의 교사가 이 편리함을 공유하기 시작하더니 점차 숫자가 늘어납니다. 이제 학교에서 전문적 학습공동체나 교직원 회의 등 고안된 협력조차도 점점 어려워지고 성실한 교사는 '나만 왜 바보같이 열심히 하나'라는 자괴감이 듭니다. 그렇다면 이러한 상황을 초래한 전입교사에게 교장은 연가 사유의 맥락적 이해가 필요합니다. 그런데 특별한 사유가 아닌 일상적인 조퇴라면 자제해 달라고 말을 할 수 있을까요? 요즘 같은 분위기라면 쉬워 보이지 않습니다.

위 이야기는 극단적인 사례이긴 하지만 아주 없는 이야기도 아니지요. 훌륭하다고 평가받는 교장에서 하루아침에 갑질 교장이 되는 것입니다. 정말 이런 상황이면 학교가 어떻게 되건 말건 어느 누구도 말하고 싶지 않겠네요. 그런데 훌륭하다고 평가받는 교장에겐 나름의 타당한 근거들이 숨어있지 않을까요?

비교육적인 행위들에 대해선 때로는 엄격할 필요가 있습니다. 그런데 막무가내식 억지는 곤란한 상황을 맞이할 수 있습니다. 적어도 교장은 비교육적 행위에 대해서 전문성을 가지고 논리적으로 설명할 수 있어야 하고 분명한 일관된 기준이 있어야 하겠지요.

★ 교육전문가 되기

"우리 교장선생님은 뭘 물어봐도 잘 모르시는 것 같아."

"우리 교장선생님은 옛날에 있었던 무용담만 이야기하셔."

"우리 교장선생님은 안 해도 되는 일을 자꾸 하라고 하셔."

"우리 교장선생님은 한번 이야기를 시작하시면 한 시간이야."

교사들이 교장에 대해 위와 같이 이야기할 때가 많습니다. 이렇게만 보면 교장이 완전 꼰대 같지요?

"라떼는 말이야. 그러니까 이렇게 해."

이제 이런 게 통하는 시대는 아니지요. 이렇게 했다가는 큰코다칩니다. 요즘 우리 선생님들이 얼마나 똑똑한데요. 적어도 다음과 같은 기본적인 전문성을 가지고 지시가 아닌 함께 고민하고 해결하는데 도움을 줄 수 있는 전문성을 가져야 합니다.

먼저 교육과정 문해력 및 실천 능력입니다. 교육과정은 교사라면 누구나 아는 것 아닌가? 라고 생각할 수 있지만, 의외로 교육과정 총론을 제대로 읽어본 적 없는 교사도 있습니다. 또한 교육과정 재구성, 배움중심 수업, 성장중심 평가를 어떻게 하는지 제대로 모르는 교장도 있습니다. 특히 최근 코로나19로 인해 학교 현장에 필수 불가결한 수업 방법인 온라인 수업에 대한 이해를 제대로 하지 못한 경우도 종종 목격됩니다. 온라인 수업에 소프트웨어와 하드웨어는 무엇이 필요한지 꼼꼼히 살펴서 지원해 주지 않는다거나 온라인 수업에서 어떤 방식으로 수업 나눔을 진행해야 할지 잘 모르는 상태에서 이야기하는 것은 '잘 알지도 못하면서 간섭하는 것'으로 인식될 가능성이 있습니다. 지속적으로 몇 년마다 개정되고 있는 교육과정에 대한 학습과 수업, 평가 방법에 대해 배우는 자세는 교사뿐만 아니라 교장에게도 요구되는 것이라고 할 수 있습니다.

다음은 정책 방향과 시대의 요구사항을 바로 알아야 합니다. 교육청에서는 새로운 정책을 해마다 쏟아 내고 있습니다. 교장이 많은 정책을 다 꿰고 있는 건 어렵겠죠. 그런데 어떤 것이 우리 학교에 더 필요하고 덜 중요한지를 구분하여 학교에서 실천할 수 있는 정책 방향의 중심을 잡아서 제시하는 것은 매우 중요할 것입니다. 또, 시대적으로 현재 구성원들이 미래에는 어떤 역량이 필요한지 예측해보고 그 역량에 따라 학생들을 위해 새로운 교육과정을 제안하거나, 교사들도 미래를 대비한 수업을 할 수 있도록 교사 배움의 기회를 제공하는 것이 필요합니다.

★ 때로는 엄격하게

교장은 교장 본연의 역할을 해야 합니다. 교장 역할이 무엇인지 묻는다면 다양한 답이 있을 것입니다. 그러나 좀 더 단순하게 답을 해 본다면 다음 두 가지로 종합해 볼 수 있을 것입니다. '학생들을 안전한 배움으로 이끄는 것', '교육공동체의 비전에 알맞게 학교를 경영하는 것'으로 말입니다. 이러한 교장 본연의 역할을 위해서는 위에 제시된 리더십을 갖추어야 하는 것은 물론, 때로는 다음과 같이 단호한 TFT 전략도 적절히 활용할 필요가 있습니다.

현장에서 보면 교사들도 '~카더라' 통신을 통한 군중심리에 휩쓸리는 경우가 많이 있는 것 같습니다. '어떤 교사가 어떤 문제 때문에 감사를 받았다더라', '어떤 교사는 어떤 민원 때문에 힘들어 했다더라', '우리 학교는 안 된다고 하는데, 저쪽 학교는 된다고 하더라'… 등등 정확한 사실관계를 잘 모르면서 주변 학교의 소문에 따라 술렁이는 것을 볼 수 있습니다. 이럴 때 무엇이 맞는 것이고 틀린 것인지, 어떤 부분은 중요하고 어떤 부분은 크게 신경 쓰지 않아도 되는지, 무엇을 지켜야 하는지 법과 규칙에 입각한 사실과 원칙을 정확히 알려주는 것이 필요합니다. 허용범위와 테두리가 정확히 제시되지 않으면 교사들은 오히려 불안해하고 자신의 검열에서 벗어나지 못할 것입니다. 그리고 허용범위와 테두리는 교직원 전체가 시간을 두고 숙의를 거쳐 만들고 지킬 수 있도록 안내해야 합니다. 법칙이나 규칙을 정확히 안내하기 위해서는 학교 내 연수 시간을 적절히 활용하면 좋겠지요. 충분히 설명된 사항에 대해서 그 허용범위를 벗어나거나 규칙을 어기는 교사에게는 보호차원에서도 어떤 불이익이 있는지도 사전에 설명해 주고 엄격하게 대처할 필요가 있습니다.

★ 공평함

'강자에게 약하고 약자에게 강한 교장 되지 않기'가 쉬워 보이지만 생각보다 어렵습니다. 예를 들어 보겠습니다. 학교 행사가 있는 날 조퇴를 하려는 교사가 있다고 생각해 보세요. A교사는 소심해 주눅이 들어 어렵게 이야기 하는데, B교사는 당당한걸 나쁘다고 말할 수 없지만 학교나 다른 동료의 입장보다는 항상 자신의 입장에서만 생각하다 보니 어려운 상황을 만들곤 합니다. 이럴 때 교장은 어떻게 해야 할까요? 중요한 것은 모두에게 공평하게 적용되는 원칙이 있어야 하지 않을까요? B교사의 항의 등으로 학교가 시끄러워질 것을 예상해 그날의 상황을 언급하지도 않고 그냥 허락을 해 주고 A교사는 학교의 어려운 상황을 좀 감안해 달라고 하면 어떤 결과가 나올까요? A교사도 다음부터는 B교사처럼 강하게 항의하는 사람이 되어야겠다고 결심할지 모릅니다. 친하기 때문에, 무슨 무슨 부장이기 때문에, 인사위원이기 때문에, 목소리가 크다고 등등 경우에 따라 다르게 적용하는 것을 경계해야 합니다.

따뜻한 배려주의자

우리는 능력이 뛰어난 리더를 통해 많이 배우기도 하지만 리더로부터 전달받는 따뜻한 마음을 통해 때로는 더 큰 용기와 에너지를 얻곤 합니다. "저런 분과 함께 근무한다면 내가 열심히 할 수 있어." 조금 부족하고 이해하지 못할 판단을 한다 해도 "저런 분이라면 다 무슨 이유가 있을거야" 라고 호의적으로 대합니다. 같은 학교 교사에게 이런 따뜻한 마음을 전염시킬 수 있는 그 힘은 무엇일까요? 아래와 같은 리더의 마음을 전달할 수 있다면 가능할 것도 같은데요.

★ 진심은 통한다
교장으로서 교사들에게 어떤 마음이 전달되면 좋을까요? 바다와 같은 평정심, 좀 못해도 잘 할 수 있도록 안내하고 기다려 주는 인내심, 지나친 욕심으로 과하게 교사들을 다그치지 않는 이런 마음들이 진실로 있다면 교사와 교장 간 협력적 관계는 만들어 질 것입니다. 이런 마음에 대해 좀 더 구체적으로 이야기 해 볼께요.

어떤 상황에서든 감정의 기복 없이 평안하고 고요한 상태인 평정심을 유지하는 것은 사실 매우 어렵습니다. 회의시간에 큰소리를 치며 교장을 향해 발끈하는 교사를 대면할 때, 교장의 교육철학을 정면으로 반박하여 지금까지 교육자로서의 삶이 부정당하는 말을 들을 때 등 평점심을 유지하기 어려운 상황들이 발생합니다. 교장선생님 나이쯤 되면 대부분 자식들이 다 성장했을 텐데요. 자식들 말이지요 부모가 잘해 준 기억은 별로 없고 상처주고 힘들게 했던 것들만 기억하지요. 그러니까 우리가 자식들에게 아무리 잘해 줘도 체벌이나 상처주는 말 한마디면 그동안의 잘함이 다 무너지잖아요. 학교도 좀 비슷한 상황입니다. 어쩌면 교장은 학교에서 부모님이고, 리더이며, 인생 선배로서 인정의 욕구를 충족시켜 주는 존재입니다. 교장이 되는데 가장 필요한 자질 중 하나가 평정심이라고 하지요.

교육이라는 것은 성과가 빠르게 나타나는 곳이 아니며 한 해 만에 학교 성장의 정도를 파악하기 어렵다고들 이야기합니다. 그런데, 우리는 뭔가 이야기하면 바로 시행되거나 결과가 나타나기를 기대합니다. 기다림의 시간을 가지고 인내하는 자세는 교육을 바라보는 시선이나 사람을 바라보는 시선 모두에게 필요합니다.

'정도를 지나침은 미치지 못함과 같다'는 뜻으로 교장은 지나침을 경계할 필요가 있습니다. 여기서 조금만 더하면 우리 학교가 더 잘할 수 있을 것만 같고, 지금 하고 있는 것에 무엇만 더 하면 완벽할 것 같다는 생각을 스스로 경계할 필요가 있다는 것입니다. 물론 조금 더 끌어당기고, 밀어붙이고 하는 것을 하지 말라고 하는 것은 아닙니다. 그렇게 해도 될 때인지, 그럴 수 있는 학교 상황인지를 잘 판단하여 이것저것을 많이 하고자 하는 교장으로서의 욕심을 절제하고 꼭 필요한 것에 우선순위를 두는 지혜가 필요합니다.

그런데 위에서 말한 평정심, 인내심, 과유불급 같은 마음을 가지는 거 쉽지 않지요. 척하는 마음은 금방 들켜버립니다. 교장뿐 아니라 모든 리더들이 이런 마음을 가지려면 부단한 자기 수련이 필요합니다. 그래서 교장이 되려면 성인군자가 되어야 한다는 말이 요즘 유행어가 되었잖아요.

★ 솔선수범

리더의 덕목 중 솔선수범만큼 중요한 것이 있을까 싶습니다. 먼저 청렴하고, 먼저 인사하고, 먼저 배려하기 등 하기 어렵지만 해야 할 일에 대해서 교장이 먼저 모범을 보인다면 교사들에게 그보다 마음을 움직이게 하는 방법이 있을까요? 리더가 먼저 솔선수범하지 않으면 다 같이 모인 회식 자리에서 마음껏 주문하라고 하고는 "나는 짜장면"을 외치는 사장과 다를 게 없습니다. 그런 회식 자리에서 짜장면 말고 다른 비싼 음식을 시킬 수 있는 사원은 많지 않을 테니까요.

★ 다양성 존중

약자의 형편을 돌아보고 도와주려는 자세는 매우 중요합니다. 학교에는 다양한 역할의 사람이 존재합니다. 가르치는 사람, 행정문서를 처리하는 사람, 청소를 하는 사람, 시설을 돌보는 사람 등이 있으며, 20대에서 60대까지 다양한 연령의 사람이 있으며, 출신 지역도 다양해서 팔도 각지에서 모인 집단이라고 할 수 있습니다. 이런 다양성이 공존하는 공간에서 어떤 사람이 약자일까요? 학교마다 약자라고 인식되는 사람은 조금씩 다를 수 있습니다.

낮은 연령의 교사일지라도 예의를 갖추고 대하는 태도, 소수 교과의 특성을 이해하고 존중하는 태도, 담임교사와 비담임교사의 업무 고충을 이해하고 그 어려움을 살피는 태도, 높은 연령 분들의 건강 상태를 먼저 물어봐 주는 태도, 무엇보다 각종 회의에서 나와 다른 반대의견도 소홀히 여기지 않는 태도는 인간에 대한 기본적인 존중, 바로 인권존중의 마음을 바탕에 두지 않고는 실천하기 어렵습니다. 다음의 사례는 구성원의 의견을 열린 마음으로 듣고 존중하는 태도가 협력을 단단하게 할 수 있다는 것을 단적으로 보여주고 있습니다.[22]

지금까지 학교 운영은 교장, 교감 그리고 몇몇 사람들에 의해 결정되고 나머지 구성원들의 의견은 형식적으로만 묻는 경우가 많았다. 특히 이번 코로나19 상황에선 특수한 상황이라는 이유로 그마저도 생략해 버리는 경우가 잦았던 것 같다. 그 과정에서 선생님들이 느끼는 소외감은 학교 결정에 대한 불신과 비협조로 이어지기도 했다. 이래서는 위기를 극복할 수 없다. 소수의 일하는 사람만의 희생으로는 한계에 부딪칠 수밖에 없다. 구성원들의 자발적이고 창의적 협조는 위기 극복의 필수적 요소다. 이를 위해 무엇보다 구성원들의 의견을 열린 마음으로 듣고 존중하는 민주적 리더십이 반드시 필요하다. 이 리더십은 구성원들을 더 강하게, 더 뭉치게 할 것이다.

교사들을 학교 경영의 또 다른 파트너이자 리더로 성장시키는 것이 필요합니다. 사람은 누구나 인정의 욕구를 가지고 있습니다. 상대방을 인정한다는 것은 적절한 칭찬과 격려를 통해 능력을 인정하는 것이라고 볼 수 있습니다. '칭찬은 고래도 춤추게 한다.' 많이 들어본 이야기지요? 긍정적인 측면을 찾아 칭찬하고, 책무성을 갖도록 권한을 부여하고, 시간을 들여 리더그룹으로 성장할 수 있도록 동기를 부여하여 혼자가 아니라 '우리는 같이 학교를 경영하는 파트너'라는 의식을 갖도록 해주어야 합니다. 모든 교사는 잠재적 리더입니다.

★ 인적 자원의 역량과 원트(want) 파악

학교 구성원 개개인의 삶의 태도, 가지고 있는 역량과 비전, 내면의 원트(want) 등을 이해하지 않으면 피상적인 현재 모습밖에 파악할 수가 없습니다. 교장은 교사들에게 주어진 업무의 처리 능력에 따라 다음과 같이 나누어서 교사를 5점 척도 정도로 판단하고 있을지도 모릅니다.

① 불안해서 아무것도 시키고 싶지 않다.
② 만족스럽지는 않지만 일을 하기는 한다.
③ 눈에 띄지는 않지만 무난하다.
④ 열심히 하는 편이라 믿을 수 있다.
⑤ 창의적이고 센스 있게 일을 잘 처리한다.

이렇게 업무 중심으로 사람을 판단한다면 삭막한 학교생활이 되겠는걸요? 맞습니다. 교사는 행정 전문가가 아니라 학생을 가르치는 사람이기 때문에 이렇게 행정업무 능력만으로 교사들을 판단할 수는 없습니다. 무엇보다 비전이나 원하는 바가 있는 교사는 지금 현재의 모습이 부족해도 점차 발전된 모습을 보여줄 겁니다. 그렇다면 상대방이 진짜로 원하는 것은 어떻게 알 수 있을까요? 2000년 개봉한 멜깁슨(Mel Gibson) 주연의 영화 〈왓 위민 원트*What women wan*〉처럼 남의 속마음을 훤히 알 수 있는 상태가 되면 참 좋겠지만 그럴 수 없잖아요. 그러니까 각각의 사람을 올바르게 이해하기 위해 교장은 더 많이 다가가서 이야기를 나누고 상태를 살펴야 하겠지요. 교사의 개개인의 원트를 공감하고 비전이 없다면 비전을 가질 수 있도록 도와주고, 비전이 있다면 그 비전을 발전시킬 수 있는 길을 제시해 주어야 할 것입니다.

★ 우리 학교 환경과 현실 진단

학교를 경영하기 위해서는 인적 자원만 잘 파악하면 될까요? 인적 자원도 중요하지만 우리 학교를 둘러싸고 있는 환경과 현실을 파악하는 것도 매우 중요합니다.

우리 학교의 학부모 성향은? 학생들의 학력 수준은?
우리 학교가 속해 있는 지역의 인구 특성은? 지역 경제 정도는?
우리 학교 주변의 마을 체험 기관은? 생활 시설은? 접근성은?
지역사회에서 바라보는 우리 학교에 대한 인식은?

제4장 진짜 이기적 교사, 협력의 가치로 학교 문법을 다시 쓰다

교장으로서 학교 주변 환경과 현실을 파악하고 있어야 할 것들이 너무나 많지요? 지금 나열한 것보다 실상은 더 많을 것입니다. 그러나 이러한 객관적 진단 없이 주변 학교에서 잘나가는 선도(중점)학교 따라 했다가는 오히려 학교가 곤란해질 수 있겠지요.

★ 네트워크 구성

교사 네트워크를 적절히 구성하여 교사들이 혼자 있는 것 같은 고립감을 느끼지 않도록 도와주어야 합니다. 교사들은 서로에게 피해를 주지 않으려는 심리가 있습니다. 네트워크가 일단 구성되고 그 안에서 역할이 주어지면 교사들은 최선을 다해 해내려고 노력하는 모습을 볼 수 있습니다. 협력을 위해서 이러한 심리를 네트워크에 활용하는 것은 무척 중요합니다.

> 교장 등 학교의 교육행정가들의 주된 역할은 조직 내 구성원들의 역량과 지식을 강화하고, 그 역량과 지식을 사용하는 것에 대한 기대가 자연스러운 학교문화를 만드는 것이다. 또한 조직 내에 흩어져 있는 사람들을 모아 서로에게 생산적인 관계를 만들어 주고, 공동의 결과를 위해 각자가 헌신할 수 있도록 개인적인 책무성을 강화하는 것이다.[23]

학교 안에는 구태여 만들지 않아도 네트워크가 이미 많이 존재합니다. 전문적 학습공동체와 같이 보이는 네트워크도 있지만 보이지 않는 무형의 네트워크도 존재하는데, 표면적으로 보이는 네트워크보다 보이지 않는 네트워크가 더 끈끈할 수도 있습니다. 그러나 보이지 않는 네트워크가 너무 강조되는 학교에서는 자칫 끼리끼리의 문화가 깊이 뿌리박혀 있을 수도 있습니다. 표면적인 네트워크의 구성에 공을 들여 좀 더 촘촘히 조직하고 그 안에서 역할이 주어지는 것이 필요합니다. 서로 배우고 협력하여 상호작용하도록 돕는 문화를 만들 때, 작은 조직에서의 협력에서 출발해 학교 전체의 협력을 활성화 시킬 수도 있을 것입니다.

협력적 학교문화를 위한 교장의 리더십을 이야기하면서도, 가장 하고 싶은 이야기는 교장은 전지전능하지 않다는 사실입니다. 교장 혼자 모든 일을 다 할 수는 없습니다. 예산을 세울 때도, 인사업무에서도, 교육과정을 수립하고 평가하는 일련의 것들에서도 교육공동체와 함께 해 나가고 있는지 스스로 자주 살펴볼 필요가 있습니다.

협력적 학교문화를 위해 서로 지켜야 할 것은 무엇이 있는지 구성원들과 함께 논의해 보면 좋겠네요. 학급에서 학생들과 학급 규칙을 만드는 것처럼 크고 작은 규칙을 함께 만들어 보는 것도 좋을 것입니다. 공론의 장을 두려워하지 말고 교직원회의에서 함께 지킬 수 있는 테두리를 만들고 상호 합의한 규칙을 존중할 때 너도 주인, 나도 주인, 우리 모두 학교의 주인이 되지 않을까요.

지금까지 협력적 학교문화를 촉진하는 교장의 리더십에 대해 이야기해 보았습니다. 교장 역할 참 어렵네요. 다음은 한 정책토론회[24]에 토론자로 나온 어느 교장선생님의 '교장의 리더십' 관련 제안 내용을 소개합니다.

제4장 진짜 이기적 교사, 협력의 가치로 학교 문법을 다시 쓰다

"교장이 된다는 것은,

교장이 되어서 비로소 연습을 하는 것이 아니라

준비된 교장으로서 리더십을 증명하는 자리가 되어야 한다."

이 책을 읽고 계시는 독자 중에는 이미 교장이신 분도, 앞으로 되실 분도 계시겠죠. 교장이 되어서 명확한 원칙주의자, 따뜻한 배려주의자의 삶을 살기는 쉽지 않습니다. 교장이 되었을 때 모습은 교사로서의 삶이 축적된 정체성입니다. 무엇보다 교장으로서의 협력적 삶을 충분히 잘 실천한다는 것은 명확한 원칙과 따뜻한 배려 이외에도 다양한 변인이 있을 것입니다. 이러한 역량이 충분히 축적될 수 있도록 교직 생애를 통해 TFT류의 현명한 이기주의자를 넘어 자기다움과 자기 결을 찾아가는 온전한 이기주의자로 성장하기 위한 교장선생님들의 끊임없는 성찰과 도전을 응원합니다.

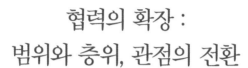

협력의 확장 :
범위와 층위, 관점의 전환

TALIS 2018[25]에 의하면, 우리나라 교원(중학교)은 OECD 평균에 비해 직무에 만족하지 못하고 낮은 수준의 협력을 하는 것으로 보입니다. 학교 구성원 간의 협력이 교직 전문성의 한 영역이라고 본다면, 우리나라 교사전문성 중에서 취약한 영역이겠지요. 이 조사의 '교사전문성'을 위한 분석틀은 아래 그림과 같습니다.

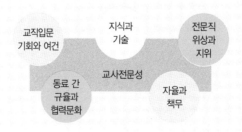

TALIS 2018 분석틀 : 교사전문성

그 중에서 특히 '동료 간 규율과 협력문화(peer regulation and collaborative culture)'를 중요한 전문성 영역으로 설정하고 있습니다. 단순히 협력만을 언급하지 않고 전문직으로서의 자기 검열과 자기 입법을 통한 동료 간의 상호 규율을 동시에 유목화하고 있다는 점이 참 인상적입니다. 동료 간 규율은 제3장에서 논의하였던 간접상호성, 평판 등과 연결되기도 합니다.

학교에서의 협력은 교수-학습 상황이나, 생활교육, 학급 및 동아리 운영 등 다양한 영역에서 일어납니다. 학교 일상에서 직면하는 문제를 해결하는 과정에서 함께 고민하고 대안을 찾아가면서 활발하게 일어날 수 있음을 앞에서 충분히 논의했었죠. 또한 학교 구성원의 '실존적 불안'과 '존재론적 안전'에 대한 논의와 학교 사회 속에서 이를 극복하기 위한 방안으로서 관계성과 동료성의 최적점을 이야기하였습니다.

'동료로서의 관심' vs. '타자로서의 무관심'

협력적인 학교는 구성원을 고립으로부터 벗어나게 하고 모두를 함께 성장하게 합니다. 그런데 학교 구성원이 서로에 대해 적당한 거리를 둬야 할 지점에는 '극단적 관심'을 보이고, 외려 관심 가져야 할 영역에 대해서는 '극단적 무관심'을 보이는 경우가 있습니다, 아이러니하지만 현실입니다. 예컨대, 특정 학생의 학습 발달에 관한 정보 교환보다는 동료의 인간적 실수나 생활 태도 결함에 대해 과도한 관심을 보이는 경우를 들 수 있겠습니다. '동료로서의 관심'과 '타자로서의 무관심'이 뒤틀리는 경

진짜 이기적인 교사

우입니다.

　이런 지점에서 협력의 최대 걸림돌인 학교 구성원의 '실존적 불안'이 생기기도 합니다. 이는 험담의 위력과 연결되기도 하죠. 앞 장에서 논의 했던 간접상호성은 험담을 통해 학교 일상에서 그 모습을 드러냅니다. 간접상호성은 일종의 평판으로 협력을 끌어내는 큰 힘입니다. 그런데 험담은 인간의 본질적 속성인 동시에 사회적 존재로서의 한계이기도 합니다. 『사피엔스』의 저자 유발 하라리(Yuval Harari)는 '험담은 만들어 내는 생산자뿐만 아니라 전달하고 유포하는 이들과의 관계가 아주 돈독해지는 공동체적 단결감을 강화하는 역할을 한다'고 말합니다. 하지만 험담은 타자를 향한 비난과 험담으로 조직 구성원 간의 불신을 초래하는 살벌한 풍경에서 시작합니다. 이런 이유로 험담은 관계 형성을 위한 촉발제이자 협력의 걸림돌이라는 양면성이 있습니다.

　험담, 평판과 같은 간접상호성이 학교 구성원의 불안을 초래하기도 하고, 협력을 위한 공동체성을 구성하기도 하는 것이죠. 이런 점에서 협력에 대한 논의가 주로 개인적 범위로 한정되어 논의될 수 있습니다. 또한 협력에 대한 논의가 학교 구성원의 효능감이나 직무만족도와 같은 성과 변인에 영향을 미치는 요인으로 다루어지기도 합니다. 이 경우는 협력을 학교 변화와 혁신을 위한 교육적 도구로 인식하고 그 중요성을 강조하게 됩니다. 교육을 위한 수단으로서의 협력은 그 실천과 실행에 무게를 두면서 학교 구성원의 자발성을 위협하는 요소가 되기도 하죠. 반면 학교 구성원의 협력 자체에 대한 논의와 관심은 상당히 부족한 편입니다. 따라서 학교 협력이 교사전문성 개발 및 학교 혁신과 변화하는 미래 교육 변화에 대응하기 위해 필요한 요소라면, 무엇이 학교 구성원의 협력을 촉진 혹은 저해하는지 분석하고 협력을 활성화하기 위한 범위와 층위를 다시 고려할 필요가 있습니다.

일상성, 동료성, 합리성과 공정성, 연계와 통합

협력의 문제는 교사 개인의 문제이기도 하지만 학교가 처한 맥락의 문제죠. 왜냐하면 협력을 설명하고 해석하는 범위와 층위를 위계적으로 바라볼 수 있기 때문입니다. 학교 구성원의 개인주의적 태도와 폐쇄적인 학교 풍토를 탓하기 전에 다양하게 형성된 주관적 세계로서의 학교 상황에 대한 이해에서 출발할 필요가 있다는 관점이죠. 우선 그 범위를 고려하면 1수준에서는 학교 구성원의 특징을, 2수준은 학교 구성원이 속한 학교의 특징을, 그리고 3수준은 학교가 속한 지역사회의 특징으로 학교 협력에 대한 논의를 확장해 갈 수 있을 겁니다.

TALIS 2018에서는 〈학교 중심의 교사 전문성 실천 체제〉의 '핵심 원리'로 네 가지를 상정하고 있습니다.[26] 그것은 1) 일상성 2) 동료성 3) 합리성과 공정성 4) 연계와 통합입니다. 일상성은 학교 조직에서 일상적으로 직면하는 문제 해결을 지향하는 협력의 속성입니다. 동료성은 이 같은 긍정적 관계를 기반으로 학교 구성원 간 전문적 협력을 가능하게 합니다. 업무 내용과 분배의 방식을 공정하고 합리적으로 판단하여 수행하기 위한 '합리성과 공정성', 더 나아가 학교 구성원 간, 학교 내부와 외부의 유기적 연계와 통합이 '연계와 통합'의 원리입니다.

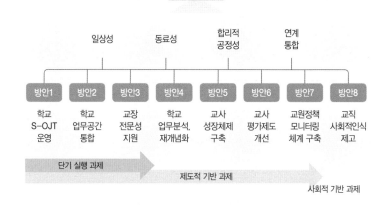

학교 중심의 교사전문성 실천 체제

이 네 가지는 관점은 고립된 교사에서 협력하는 교사로, 폐쇄적인 학교에서 개방된 학교로, 학교 구성원 개인에서 학교 맥락으로, 학교 중심에서 학교와 지역사회 협치로 학교 협력을 조망할 수 있는 의미 있는 시선입니다. 위의 그림에서 볼 수 있듯이 TALIS 2018에서는 교사전문성으로서의 협력을 위한 방안으로 여덟 가지를 제시하고 있습니다.[27] 신규교사의 임용전후 연수와 멘토링(학교 S-OJT)과 같은 개인적 문제에서부터 업무 공간, 교장의 전문성, 학교 업무 분석과 배치, 교원의 성장 체계와 평가제도, 교직에 대한 사회적 인식에 이르기까지 그 요소와 범위가 다양할 뿐만 아니라 복잡합니다. 동시에 현재의 학교 맥락 속에서 개선책을 찾아보는 단기 실행 과제에서부터, 법령의 정비와 예산 확보를 포함한 제도적·사회적 기반 과제에 이르기까지 그 기반과 층위가 깊습니다.

앞 장에서 학교 구성원 간의 '사적 친밀함(ABC 관계성)'은 '창조적 부동의'를 통한 교사전문성(SBC 동료성)을 외려 저해할 수 있음을 논의하였습니다. 학교 안에서의 관계성과 동료성은 '비판적 우정'이나 '우정 어린 비평'과 연결됨도 언급했습니다. 자신의 약점을 드러내고 인정하는 자세와 그것을 비난하지 않고 격려하고, 지원해주는 동료는 학교 구성원의 성장 동력 자체입니다. 긍정적 관계를 기반으로 교육적 동료로서 함께 협력하는 동료성은 전문적 협력을 가능하게 하는 원리인 것이죠. 하지만, 협력에 대한 논의와 시선을 여기서 멈춘다면 모든 것이 학교 구성원 개인의 문제로 환원되어 버릴 수 있겠죠. 학교 협력의 문제는 개인적 차원에서 끝날 수 있는 문제가 아니지요.

학교가 신발을 신는 사이, 학교 밖은 세상의 절반을 달린다!

학교 구성원의 실존적 불안은 초자아 불안이고 구조적 긴장과 같은 것입니다. 내면의 행동 지침을 어겼을 때 양심으로부터 가책을 받는 것에 대한 불안과 죄의식을 견디기 어려워 고통을 받는 경우라는 점 때문입니다. 동시에 자신이 엄격하게 통제하고 있던 충동이 그 통제를 벗어나 표현되려고 할 때 자신의 인격 기능이 모두 무너질 것 같은 두려움을 느끼는 것이라는 점에서 초자아 불안[28]입니다. 또한 중요한 타자로부터 거절당할지 모른다는, 주변 동료로부터 무시당할지 모른다는 두려움입니다. 자신이 생각하는 이상적인 가치와 욕망에 자신이 현실적으로 미치지 못하는 것에 대한 두려움이라는 점에서 구조적 긴장[29]입니다.

진짜 이기적인 교사

이 불안과 긴장을 해소하는 방법은 두 가지가 있습니다. 하나는 어찌 보면 자연스러운 것으로 자기 자신과 화해하고, 자신에 대한 기대 수준을 낮추는 것입니다. 굳이 긴장을 유지할 필요가 없는 것이죠. 활쏘기에서 화살이 시위를 떠나 목표를 명중할 수 있는 것은 시위가 팽팽하게 긴장을 유지하기 때문인데, 그냥 시위의 긴장을 풀어 버리는 경우와 같은 상황인 것입니다. 다른 하나는 팽팽한 긴장을 그대로 유지해서 그것을 동력 삼아 창조적 작업으로 연결하는 것입니다. 이는 불안과 긴장을 개인적 역량으로 극복하는 적극적인 방법으로 결코 쉬운 일은 아닙니다. 마치 화살이 시위의 팽팽한 긴장이라는 힘을 이용하여 목표물로 날아가는 것과 같은 모습입니다.

이렇게 본다면 실존적 불안과 구조적 긴장은 무조건 해소해야 할 대상은 아닙니다. 실존적 불안과 구조적 긴장에 창조성이 서려 있기 때문이죠. 외려 이런 불안과 긴장이 교사는 교사다운 교사상을 만들어 지켜내기도 하고, 학교 사회의 롤 모델을 찾아내며 당대 교육자로서의 사명감을 학교에서 묵묵히 실현하기도 합니다. 그래서 학교 구성원에게 붙박여 있는 실존적 불안과 긴장이 없다면 그 자체가 또 하나의 문제가 될수 있을 겁니다.

이제 학교 안에서 '실존적 불안'을 넘어 학교 밖과의 연계와 통합으로 '위치적 불안'이 등장합니다. 학교가 교육을 독점하는 시대는 끝났다는 생존을 위한 미래 예측과 불안에 직면하고 있기 때문입니다. 학교 안에서의 '실존적 불안'이 이제 학교 밖이라는 '위치적 불안'으로 전환되고 있는 것이죠. 이러한 불안은 학교와 교직의 위상을 재구성하기 위한 생존 본능이라는 측면에서 합리적이지만, 이제 우리가 직면한 상황을 보면 불

제4장 진짜 이기적 교사, 협력의 가치로 학교 문법을 다시 쓰다

안의 근원과 영역이 점점 학교 밖으로 확장되고 있습니다. 극단적으로 기존의 학교는 사라질 것이라는 묵시론적인 미래학의 진단이 여기저기에 넘쳐나고 있죠. 학교라는 형식적 교육보다는 학교 밖의 비형식적 교육이 학습자의 욕구를 실현하기에 더 용이할 것이라는 말입니다.

코로나19 상황 속에서 비대면 온라인 수업의 일상화와 더불어 학생들에게 '학교는 더 이상 가는 곳이 아니다. 학교는 이미 우리 안에 들어와 있다'고 말할 수 있는 곳이 되었죠. 보통의 초등학교, 중학교 아이들도 이제는 교육 플랫폼을 통해 코세라와 K-MOOC 강의를 듣고, 고등학생도 MIT의 우수 콘텐츠를 접할 수 있는 상황이 되었습니다. 동시에 특정 고등학교의 교육과정만을 이수하지 않고 각각 다른 학교의 교과목을 이수하여 그것을 학점으로 인정받으면 졸업이 가능한 상황에 이르게 되었구요. 더 나아가 초등학교 6년, 중학교 3년, 고등학교 3년을 마치면 대학을 가는 기존의 학교 체제 틀 안에 갇혀 있을 수 없는 상황이 진행되고 있는 겁니다.[30] 학교라는 공간이 가지는 위치적 제한, 수업이라는 시간이 가지는 물리적 제한을 넘어서는 교육 플랫폼과 마을교육 프로그램이 우리 안에 깊숙이 들어와 있습니다.

학교 협력의 관점 : 학교마피아(?)에서 학교생태주의로

협력이라는 관점에서 볼 때, 이 같은 위치적 불안을 해소하는 방안도 실존적 불안을 해소하는 것과 비슷할 겁니다. 하나는 학교가 가진 교육에서의 배타적 우월성을 여전히 중요하게 생각하는 관점입니다. 이성적인 태도로 지금 학교가 가지고 있는 제도적 여건을 최적화하여 직면하고 있는 교육적 파열음을 극복하려는 태도죠. 교육에 대한 주도권을 학교가 여전히 가지고 있어야 한다는 관점에 해당합니다. 왜냐하면 아무리 세계가 변화되더라도 학생들은 학습하고 경험할 수 있는 교육적 공간이 필요하기 때문입니다. 다른 하나는 학교와 학교 밖과의 연계, 공동체적 관계, 학교의 필요와 권리를 학교 밖의 다른 기관에 비해 특권화하는 것에 대한 거부, 학교가 교육을 독점하는 우월성(학교중심주의, 학교마피아적 태도)을 거부하는 관점이 될 것입니다. 여기에 생태주의적 관점과 태도도 덧붙여 봅니다. 생태주의적 관점은 학교 안팎의 일시적 협력, 잠정적 협력, 전략적 협력의 관점이 아닌 플러스섬 게임으로서의 지속가능한 협력이 되어야 함을 말합니다. 적자생존의 경쟁에서 생존하기 위한 일시적 협력의 수준과 층위를 넘어서야 한다는 말이죠. 삶터와 배움터의 분리는 공동체적 삶의 생태적 조건을 파괴하는 주범이기 때문이죠.

코로나19라는 바이러스가 에듀테크 기반의 미래교육 담론을 현실화하고 있고, 지역사회와 함께 하는 마을교육이라는 개념을 통해 미래교육 담론을 유포하면서 '학교주의'는 그 입지가 위축되고 있는 상황임을 고려한다면 생태주의적 관점은 삶과 연계한 교육, 배움터와 삶터의 연계라는 교육과정 담론의 고갱이라 할 수 있습니다. 생태주의적 관점은 오늘의 학교가 직면하고 있는 다양한 위기, 특히 경쟁 중심의 획일화된 공급자중심 교육을 어떻게 극복할 것인지에 대한 다양한 교육적 입장과 비전을 의미합니다. 학교-학교 밖 사이의 하이픈(-)에는 협력과 연대의 의미가 스며들어 있습니다. 이 하이픈의 의미 속에 학생의 성장이 내포되어 있는 것입니다. "타자는 결코 우연한 존재가 아니라 가장 가까운

제4장 진짜 이기적 교사, 협력의 가치로 학교 문법을 다시 쓰다

나의 분신임을 알 수 있다. 그런데도 우리는 서로가 아무 말 없이 스쳐 지나가고 마는 것이다." 일상의 실천이 균열을 만들어 낼 수 있는 마음 으로 현재 자신이 누리는 안락함은 누구의 희생에서 오는지를 질문함으 로써 다른 사람과 손을 맞잡을 수 있을 겁니다.

조지프 나이(Joseph S. Nye)는 최근 EBS 강연(2021.08.30.)에서 "'거래 적 리더'는 그 상황과 맥락 안에서 최선을 다해 성과를 내려고 하지만, '변혁적 리더'는 그 상황과 맥락 자체를 바꿔 가면서 조직의 효과성을 높인다"고 주장합니다. 그렇습니다. 학교주의는 지금의 맥락 안에서 학 교 구성원의 자발성과 협력을 동력 삼아 교육의 본질을 추구하려는 인 식이라면, 생태주의적 관점은 지금 학교가 처해 있는 상황과 맥락 자체 를 새롭게 이해하고 해석하여 또 다른 차원으로 움직이려는 관점입니다.

흔히들 수많은 혁신 중에 학교혁신이 가장 어렵다고들 이야기합니다. 미래학교, 미래교육에 대한 연구와 주장이 폭발적으로 증가하면서 한두 명이 학교와 교육을 이해하고 개괄하는 것은 현실적으로 불가능한 상황 이 되었습니다. 우리는 작금의 〈학교〉라는 텍스트를 어떻게 이해하고 해 석할 수 있을까요? 코로나 팬데믹 상황 이후 학교는 '가는 곳'이 아니라 우리 '안에 있는 곳'이 되었습니다. 넘쳐나는 〈학·교·해·석〉 과정에서 정 작 중요한 교육의 본질이 사라지는 듯 느껴집니다. 그 와중에 아무것도 하지 않으면서 '무언가를 해야 할 텐데'라고 고민만 하면서 변화의 흐름 에서 고립되거나 철저하게 소외되고 있는 형국이 전개될 수 있는데, 그 런 상황은 근본적 변화에 별반 도움이 되지 않습니다. 이제는 우리 스 스로가 변화의 흐름을 조망하면서 새롭고 다양한 관점으로 변화의 주체가 되어야 할 때입니다.

[학·교·해·석 그리고 '학교생태주의']

1. 변화의 요구들이 시장이나 국가와 같은 외적 요소에 영향을 받지 않고 자기-원인의 방식으로 이루어질 수 있어야 한다.

2. 변화의 요구들이 블랙박스처럼 혼란스럽고 불분명한 상황 속에서 정념이나 감정에 의해 이루어지지 않고 의식적인 이해(이성적, 합리적 방식)으로 이루어져 한다.

3. 학교 안의 변화와 학교 밖의 변화의 간극을 학교생태계의 위협 요소로만 인식하지 않고 학교 안팎의 교육적 협력을 위한 거버넌스 구축 차원에서 바라보아야 한다.

제4장 진짜 이기적 교사, 협력의 가치로 학교 문법을 다시 쓰다

■ 우리 학교의 사회적 자본 점수는 얼마나 될까?[31]

사회적 자본이란 교사들 간의 상호작용을 바탕으로 교내 및 교외의 팀워크를 계획적으로 활용하고 팀 중심의 의사소통, 학습, 신뢰, 협력의 문화와 네트워크를 활성화하는 것을 의미합니다. 사회적 자본은 개인이 가진 취약한 인적 자본을 집단이 보완할 수 있으며, 실제 인적 자본이 낮더라도 사회적 자본이 높은 교사들이 있는 학교에 근무하는 교사들이 더 가르칠 수 있다고 합니다. 협력적 학교를 만들기 위해선 학교문화 속에 있는 교사의 사회적 자본을 키워나가야 합니다. 과연 우리 학교의 사회적 자본 점수는 얼마나 될까요? 각자 설문 문항을 체크해 보고 생각해 봅시다.

[점수 체크] 1. 전혀 그렇지 않다 2. 별로 그렇지 않다 3. 보통이다 4. 대체로 그렇다 5. 매우 그렇다

번호	조사 문항	점수 체크
1	나는 간편한 해결책이 없는 수업문제에 직면했을 때, 동료 교사에게 조언을 구한다.	
2	나는 학교의 동료 교사와 함께 일함으로써 학생의 학습에 긍정적 영향을 미치고 있다.	
3	나는 수업에서 발생한 문제의 원인과 해결방안을 찾기 위해 우리 학교의 교사들과 함께 고민한다.	
4	나는 우리 학교의 선생님들과 협력함으로써 가르치는 방법이 나아지고 있다.	
5	나는 학교에서 함께 근무하는 교사들에게 전문적 지도와 지원을 의지하고 있다.	
6	나는 동료 교사들과 협력하여 학생의 수행을 정기적으로 확인한다.	
7	나는 학생의 학습 향상을 위해 동료 교사들과 새로운 교수법을 공유하고 시도한다.	
8	나는 여러 가지 유용한 방법으로 나를 도전하게 하고, 능력을 발휘할 수 있게 만들어주는 경험 있는 동료에게 다가간다.	
9	우리 학교는 전문성 개발을 위해 다른 교사들과 함께 하는 협력적 성찰에 나를 참여시킨다.	

10	나는 나와 동료 교사가 가르치고 있는 학급의 성취에 차이가 있는 이유를 동료 교사와 함께 찾는다.	
11	우리 학교에서는 학교 근무 시간 중에 다른 교사들과 함께 수업의 실제를 점검하고 향상시킬 수 있는 시간을 갖는다.	
12	우리 학교의 모든 교사들은 학생과 학교의 발전을 위해 열심히 노력하고 있다.	
13	우리 학교의 교장과 교감은 학생들의 성장과 학교의 발전을 최우선으로 생각한다.	
14	우리 학교에서는 학생들의 향상을 위해 교직원 간에 의견을 자유롭게 이야기할 수 있다.	
15	우리 학교에서는 혼자 일을 처리할 때보다 함께 일을 처리할 때 더 좋은 결과를 만들어 낸다.	
16	우리 학교에서 동료 교사가 어려움을 겪을 때, 교사를 돕는 것은 당연한 일이다.	
17	더 나은 수업을 위해 종종 다른 교사와 함께 수업을 준비한다.	
18	내가 작년에 가르쳤던 학생이 진급한 학년에서 문제를 일으켰을 때, 나의 책임도 충분히 크다고 생각한다.	
19	우리 학교에서는 학생들의 학업 향상을 위한 학교 차원의 모임을 자주 갖는다.	
20	우리 학교는 학생의 학교 적응을 향상시키기 위한 학교 차원의 모임을 자주 갖는다.	
21	나는 수업 중에 겪는 어려움을 해결하기 위해서 다른 교사에게 어렵지 않게 도움을 받을 수 있다.	
22	우리 학교는 경험이 많은 교사가 경험이 부족한 교사를 기꺼이 도와주려고 한다.	
23	나는 동료 교사가 나에게 도움을 요청한다면, 언제든 도와줄 용의가 있다.	

▪ 결과 활용 Tip

사회적 자본 점수는 교사 개인이 느끼는 주관적 만족도 조사 성격이 강하고 사회적 자본의 전반을 설명해 주기에는 한계가 있습니다. 따라서 전체 총점을 보고 판단하기 보다는 각 문항별 5점 척도의 점수를 확인하는 것이 중요합니다. 우선 23개 조사 문항별로 어떠한 점수를 보여주고 있는지 체크해야 합니다. 이를 토대로 취약한 문항을 분석하고 학교의 전반적인 실태를 파악해 어떠한 부분에 대한 추가적인 노력이 필요한지 확인해야 합니다. 참고로 2016년 경기도 초등교사 2,246명을 대상으로 실시한 조사 결과, 사회적 자본 점수의 평균값이 4.19점으로 나타났습니다.

1   비전이란 우리가 목표로 하는 최종적인 모습에 도달한 상태이다. 그래서 비전 공유는 최종 도달 지점에 대해 학교 구성원 모두 가슴으로 머리로 그림을 함께 그려놓은 상태를 의미한다.

2   '협력적 경쟁'은 공동 목표를 달성하기 위해 경쟁사와 협력하는 과정에서 드러납니다. 다음과 같은 사례를 생각해 볼 수 있습니다. 스포츠 현장 내에서 Cricket Australia의 주요 경쟁자 중 하나는 인도였습니다. 그러나 현장 밖에서 인도는 TV 공연에 대한 호주의 주요 미디어 수익원이기도 했습니다. 게임이 타이트할수록 더 많은 시청자가 게임을 보는 데 매력을 느낄 것입니다. 그래서 호주는 인도의 크리켓 재능을 개발하는 데 투자하여 호주의 기준에 도달하여 더 많은 시청자가 즐길 수 있는 밀착 대회를 제작했습니다. 이는 '상대방의 성공이 사실상 내가 성공을 거두기 위한 전제 조건임'을 드러내는 실제적인 예가 될 것입니다.

3   로버트 엑셀로드(2009). 이경식 역. 협력의 진화. 시스테마. pp.12~13

4   유발 하라리(2017). 김명주 역. 호모 데우스. 서울:김영사. pp.281~285

5   노왁과 하이필드(2011). 허준석 역. 초협력자. 사이언스북스. p.357

6   박선웅(2020). 온전한 나로 살기 위한 정체성의 심리학. 서울 : 21세기북스. p.134

7   유발 하라리(2017), 김명주 역. 호모 데우스. 서울:김영사. p.277

8   경향신문(2021.3.17.) 기사(제목 : 보이는 것과 보이지 않는 것)에서 일부 발췌함.

9   에이브러햄 매슬로(2011). 왕수민 역. Maslow on Management 인간욕구를 경영하라. 리더스북. pp.232~274 참조.

10 장재훈(2019.10.23.). 슐라이허 OECD 국장, 한국은 유능한 교사 방치, 전문성 높으면 교직 만족도 높아, 에듀프레스. http://www.edupress.kr/news/articleView.html?idxno=4396

11 Rosenholtz, S. J.(1991). Teacher's workplace : The social organization of schools. Harlow, UK : Longman group. 진동섭 역(2019). 교직과 교사의 전

문적 자본. 교육과학사. p.192에서 재인용

12 김태연(2014). 학교개혁의 관점에서 본 전문적 자본 이론 분석. 서울대 대학원 석사학위논문. pp.72~73

13 Hargreaves, A. (2019). Teacher collaboration : 30 years of research on its nature, forms, limitations and effects. Teachers and Teaching, 25(5), pp.603~621

14 정바울(2020). 코티칭과 전문적 협력 2.0. 서울교육 2020 여름호(239). 서울특별시교육연구정보원. pp.114~118

15 Lima, J. A. (2001). Forgetting about friendship : Using conflict in teacher communities as a catalyst for school change. Journal of Educational Change, 2, pp.97~122

16 Little, J. (1990). The persistence of privacy : Autonomy and initiative in teachers. Teachers college record, 91(4), pp.509~536

17 백병부, 엄수정, 성열관, 최종철, 김혜자(2021). 민주주의 정원으로서의 학교 실현방안. 경기도교육연구원.

18 진동섭 역(2019). 교직과 교사의 전문적 자본. 교육과학사. p.246.

19 마이클 풀란(2017). 서동연·정효준 역. 학교를 개선하는 교장. 살림터.

20 이희숙(2019). 학교자치와 교장의 역할. 2019 학교민주시민교육 국제포럼 자료집.

21 「학교장의 민주적 리더십을 위한 정책토론회」 징검다리교육공동체가 주축이 되어 온라인으로 주최(2021.8.19.)한 토론회로 이 정책토론회에서 교장 직무 가이드라인을 제시한 바 있다.

22 인터넷 오마이뉴스(2021.10.5) 기사(이동수 기자, "중학생들의 의외의 선택―'위드 코로나' 위한 5가지 실천사항")

23 Elmore, R. (2000), Building a new structure for school leadership, Washington, DC: Albert Shanker Institute, p.15,[마이클 풀란(2017). 서동연·정효준 역. 학교를 개선하는 교장. 살림터. p.75에서 재인용]

24 징검다리교육공동체 주최 「학교장의 민주적 리더십을 위한 정책토론회」 (2021.8.19.) 자료집에서 발췌.

25 OECD(2020). TALIS 2018 Results (Volume II) : Teachers and School Leaders as Valued Professionals. OECD Publishing. 이동엽 외(2019). 교원 및 교직환경 국제 비교 연구 : TALIS 2018 결과를 중심으로(I). 연구보고 RR

2019-22; 김혜진 외(2020). 교원 및 교직환경 국제비교 연구 : TALIS 2018 결과를 중심으로(Ⅱ). 연구보고 RR 2020-04. 한국교육개발원.

TALIS(Teaching and Learning International Survey)는 OECD에서 수행 중인 교수·학습 국제조사로서, 세계 주요국의 교원과 교직환경에 대한 비교·분석 자료를 바탕으로 효과적인 교원 정책을 수립하고 교육체제를 개선하려는 목적으로 추진되고 있는 대규모 조사임. 2008을 시작으로 5년 주기로 실시되고 있으며, 우리나라는 지난 세 번의 조사에 모두 참여하였고, 3주기 조사인 TALIS 2018에는 중학교와 초등학교 교원으로 조사 대상을 확장하여 참여하고 있다.

26 김혜진 외(2020). 교원 및 교직환경 국제비교 연구 : TALIS 2018 결과를 중심으로(Ⅱ). 연구보고 RR 2020-04. 한국교육개발원. p.264

27 김혜진 외(2020). 교원 및 교직환경 국제비교 연구 : TALIS 2018 결과를 중심으로(Ⅱ). 연구보고 RR 2020-04. 한국교육개발원. p.265

28 오강섭(2021). 불안한 마음은 괜찮은 걸까?. 코리아컴. p.149

29 피터 센게 외. 한국복잡성교육연구회 역(2019). 학습하는 학교 : 시스템사고를 통해 본 학교 복잡계 운영. 도서출판 씨아이알. pp.301~302

30 박병기(2021). 코세라 : 무크와 미래교육의 거인. 거꾸로미디어. pp.12~15

31 사회적 자본 조사 문항은 문영빛(2017). 교직의 전문성 자본 측정 도구 개발. 한국교원대 박사학위논문에서 참고하였음.

/ 저자 소개 /

이지명(경기도교육청 마을교육공동체정책과 장학관, 교육학박사-윤리교육전공)
경기도교육청에서 근무하며 학교민주주의와 민주적 학교문화 구현을 지원하
였다. 현재는 학교, 교육지원청, 도교육청에서의 경험을 토대로 학교 밖 교육과
학교교육의 관계성 속에서 시민으로서 살기 위해 필요한 도구인 리터러시 교
육에 관심을 가지고 있다. 급변하는 시대에 적응하고, 미래를 꿈꾸는 시민으
로 살기 위한 전제는 자신이 처해 있는 세계를 정면으로 응시하며 삶의 방식
과 양상을 다양한 관점으로 독해하여, 이를 바탕으로 참여하고 행동하는 역
량이 필요한 시대이기 때문이라고 믿고 있다.

이병희(샘모루초등학교 교감, 교육학박사-교육심리전공)
초등학교 교사, 경기도교육청 민주시민교육과 장학사, 경기도교육연구원 연구
위원을 거쳐 지금은 샘모루초등학교 교감으로 활동하고 있다. 공저서인 『민주
학교란 무엇인가』로 이어져 코로나19를 뚫고 다시 뭉친 저자들과 협력에 관해
공부하며 여러 차례 무릎을 쳤다. '진작 TFT 할 걸…. 그래도 친절해야(kind)
하는 거 아니야…. 최근에는 다정한 것(the friendliest)까지….' 이런 협력의 소
용돌이에서 함께 허우적거려 보는 것도 나쁘지는 않을 것 같다.

이진희(한빛중학교 교감, 교육학박사-교육심리전공)

경기도교육청 민주시민교육과에서 장학사로 근무하면서 학교와 사회를 바라보는 새로운 시각과 실천하고 참여하는 시민교육의 중요성에 대해 새로운 시각을 갖게 되었다. 또한 학교교육과정과에서 장학사로 근무하며 교육과정과 수업, 평가 장면에서 교육공동체의 소통하는 민주적 문화가 얼마나 소중한지도 배웠다. 현재는 한빛중학교 초보 교감으로 근무하며 민주적이고 행복한 학교, 무엇보다 재미있고 신나는 학교를 만들기 위해 선생님, 학생, 학부모님들과 함께 좌충우돌·고군분투하고 있다.

최종철(경기도교육청 민주시민교육과 장학관, 교육학박사-교육사회전공)

경기도교육청 민주시민교육과 장학사로 근무하며 학생자치활동, 학생사회참여, 토론동아리, 교과서 속 민주시민 체험활동 등 삶과 연계된 민주시민교육을 지원하였다. 교감으로 학교현장에서 근무하며 학교 내 민주주의를 위해 실천하는 삶, 외부적으로는 '경기학교민주주의 정책실행연구회'와 '학교자치워킹그룹' 회장, "민주주의 정원으로서의 학교실현 방안" 등 다수의 정책연구 참여로 학교현장에 활용될 수 있는 실천사례를 확산하는데 노력하였다. 현재 경기도교육청 학교자치담당 장학관으로 근무하면서 학교자치 문화가 내실 있게 정착되도록 노력하고 있다.

홍석노(세종특별자치시교육청 교육연구사, 법학박사-헌법전공)

경기도에서 오랫동안 사회과 교사로 근무하며 학교현장에 헌법적 가치가 실현될 수 있는 방안을 고민해 왔다. 경기도교육연구원 연구위원으로 근무하면서 학교민주주의 지수 개발, 학교자치조례 제정, 학교민주시민교육 정책을 집중적으로 연구했다. 현재는 세종특별자치시교육청 교육연구사로 근무하며, 최근 세종시 학교민주주의 발전 동향 및 학교장 리더십 변화 동향을 분석했다. 지금은 학교 현장과 정책실무 일선에서 민주적 협력을 가로막고 있는 장애물이 무엇인지 고민하고 있다.

이대성(능곡고등학교 교감, 교육학박사-사회과교육전공)

경기도교육청 민주시민교육과에서 장학사로 근무하며 실천 중심의 민주시민교육과 학교민주주의 정착을 지원하였다. 교육공동체와 함께하는 학교민주주의와 학교자치 실현을 고민하며 민주적 학교문화 조성, 학교민주주의 지수 조사·활용, 학교자치조례 제정·실천, 민주시민교육 실천학교 발전방안 연구 등을 수행하였다. 현재 능곡고등학교 교감으로 재직하며 학교자치정책실행연구회 운영, 학교 구성원의 협력적 관계 형성과 민주주의 정원으로서의 행복한 학교를 상상하며 실천 전략을 고민하고 있다.

민주학교란 무엇인가

이대성, 이병희, 이지명, 이진희, 최종철, 홍석노 지음

민주학교의 길을 먼저 걸어간 저자들이 민주적인 구조와 과정을 실천하는 학교문화 속에서 민주시민교육을 핵심 교육과정으로 민주시민을 양성하는 '민주학교'가 무엇인지를 보여준다.

포노 사피엔스를 위한 진로 교육

김덕년, 유미라, 허은숙 지음

아이들이 행복한 진로 교육이란 바로 가치의 경중을 따지지 않는 진로 교육이다. 쓸모가 있건 없건 생명이 있는 존재는 모두 소중하다. 이 책은 이런 소중한 생명들에게 어른들이 해주어야 하는 진로 교육은 무엇인지를 논한다.

교사의 시선

김태현 지음

'교사의 시선'으로 교사가 매일 경험하는 일상, 그 보통의 하루가 가지는 가치를 깊이 들여다본다. 시선, 심미안, 메시지, 커뮤니티, 콘텐츠, 디자인으로 교사의 삶을 만나보자. 그리고 교사이기 이전에 한 인간으로서 겪어야 하는 보편적인 고통에 대해서도 생각해본다.

실천교육학

마이크 샤플스 지음, 사람과교육 번역연구팀 옮김

가르치고 배우고 평가하는 혁신적인 40가지 새로운 방법을 소개한다. 교실만이 아니라 비공식적인 환경, 온라인 학습공간에서의 다양한 교수법에 대한 사례연구를 만날 수 있다.